职业资格等级标准

石油石化行业

物资供销

中国石油天然气集团公司
中国石油化工集团公司
制定

图书在版编目（CIP）数据

物资供销/中国石油天然气集团公司,中国石油化工集团公司制定.—北京:中国石化出版社,2008(2011.5 重印)
(职业资格等级标准)
ISBN 978-7-80229-564-3

Ⅰ.物… Ⅱ.①中…②中… Ⅲ.①石油工业-物资管理:供销管理-技术等级标准-中国②石油化学工业-物资管理:供销管理-技术等级标准-中国 Ⅳ.F426.22-65

中国版本图书馆 CIP 数据核字（2008）第 045309 号

中国石化出版社出版发行
地址:北京市东城区安定门外大街 58 号
邮编:100011　电话:(010)84271850
读者服务部电话:(010)84289974
http://www.sinopec-press.com
E-mail:press@sinopec.com.cn
北京金明盛印刷有限公司印刷
全国各地新华书店经销

*

880×1230 毫米 32 开本 5.5 印张 103 千字
2008 年 5 月第 1 版　2011 年 5 月第 1 版第 3 次印刷
定价:30.00 元

目　录

国家职业标准

加油站操作员

中华人民共和国劳动和社会保障部制定

说　明

根据《中华人民共和国劳动法》的有关规定，为了进一步完善国家职业标准体系，为职业教育、职业培训和职业技能鉴定提供科学、规范的依据，劳动和社会保障部委托中国石油化工集团公司组织有关专家，制定了《加油站操作员国家职业标准》（以下简称《标准》）。

一、本《标准》以《中华人民共和国职业分类大典》为依据，以客观反映现阶段本职业的水平和对从业人员的要求为目标，在充分考虑经济发展、科技进步和产业结构变化对本职业影响的基础上，对职业的活动范围、工作内容、技能要求和知识水平做了明确规定。

二、本《标准》的制定，遵循了有关技术规程的要求，既保证了《标准》体例的规范化，又体现了以职业活动为导向、以职业技能为核心的特点，同时也使其具有根据科学发展进行调整的灵活性和实用性，符合培训、鉴定和就业工作的需要。

三、本《标准》依据有关规定将本职业分为四个等级，包括职业概况、基本要求、工作要求和比重表四个方面的内容。

四、本《标准》是在各有关专家和实际工作者的共同努力下完成的。参加编写工作的人员主要有陈安谊、郭为民、黄训洁、付平平、徐友、吴永红，参加审定工作的人员主要有丁新兴、王福安、王幼强、白桐生、白鹭、李克、任涛、宋伟、肖铁岩、何波、何俊、罗统华、向守源、谌宇清、董黎明。《标准》制定过程中，中国石油天然气集团公司有关企业和专家给予了大力支持，在此一并致谢。

五、本《标准》业经劳动和社会保障部批准，自2006年1月17日起施行。

加油站操作员国家职业标准

1. 职 业 概 况

1.1 职业名称

加油站操作员。

1.2 职业定义

在加油站（含零售商店）通过操作加油机等设施、设备、仪器，从事石油成品油销售、进货、存储管理和设备维护的操作人员。

1.3 职业等级

本职业共设四个等级，分别为初级（国家职业资格五级）、中级（国家职业资格四级）、高级（国家职业资格三级）、技师（国家职业资格二级）。

1.4 职业环境

室内、室外、常温。

1.5 职业能力特征

身体健康，具有一定的理解、表达、分析和判断能力，动作协调灵活，嗅觉灵敏、无听力障碍。

1.6 基本文化程度

初中毕业。

1.7 培训要求

1.7.1 培训期限

全日制职业学校教育，根据其培养目标和教学计划确定。晋级培训期限，初级不少于100标准学时；中级不少于120标准学时；高级不少于140标准学时；技师不少于160标准学时。

1.7.2 培训教师

培训初、中、高级的教师应具有本职业技师及以上职业资格证书或相关专业中级及以上专业技术职务任职资格。培训技师的教师应具有本职业技师职业资格证书3

年以上或相关专业高级专业技术职务任职资格。

1.7.3 培训场地设备

理论培训应具有可容纳30名以上学员的教室；实际操作培训场所应具有相应的设备、工具和安全设施完善的场地。

1.8 鉴定要求

1.8.1 适用对象

从事或准备从事本职业的人员。

1.8.2 申报条件

分别按中国石油天然气集团公司、中国石油化工集团公司职业技能鉴定申报政策有关规定执行。

1.8.3 鉴定方式

分为理论知识考试和技能操作考核。理论知识考试采用闭卷笔试方式；技能操作考核采用现场实际操作方式。理论知识考试和技能操作考核均采用百分制，成绩皆达60分及以上者为合格。技师还需进行综合评审。

1.8.4 考评人员与考生配比

理论知识考试考评人员与考生配比为1:15且不少于2名考评人员；技能操作考核考评员与考生配比为1:5且不少于3名考评员；综合评审委员不少于5人。

1.8.5 鉴定时间

理论知识考试不少于90分钟；技能操作考核时间不少于60分钟；综合评审时间不少于45分钟。

1.8.6 鉴定场所设备

理论知识考试在标准教室进行；技能操作考核在有相应的设备、仪器、工具和安全设施完善的场所进行。

2. 基本要求

2.1 职业道德

2.1.1 职业道德基本知识

2.1.2 职业守则

（1）遵纪守法，爱岗敬业。

（2）忠于职守，履行职责。

（3）服务规范，热情周到。

（4）诚实守信，文明经营。

（5）团结协作，顾全大局。

（6）按章操作，安全作业。

2.2 基础知识

2.2.1 石油商品知识

（1）石油的组成与分类。

（2）汽油、柴油、煤油的应用常识。

2.2.2 计量知识

（1）计量与计量单位。

（2）法定计量单位基本换算。

（3）计量国际单位制。

2.2.3 加油站设备基础知识

（1）加油机种类及使用常识。

（2）车用汽油机、柴油机基本常识。

（3）卧式油罐基本常识。

（4）计算机操作及网络常识。

2.2.4 服务营销基础知识

（1）服务营销常识。

（2）服务规范及礼仪知识。

（3）和顾客沟通的技巧。

2.2.5 安全与环保知识

（1）现场管理规范要求。

（2）防火、防爆知识。

（3）防雷电、防静电知识。

（4）防盗、防抢劫知识。

（5）安全操作与劳动保护知识。

（6）突发事件的处理知识。

（7）环境保护知识。

（8）健康、安全与环境（HSE）管理体系基础知识。

2.2.6 消防知识

（1）油品的危险性及特点。

（2）灭火基本方法。

（3）加油站常见灭火器材的使用知识。

2.2.7 法律法规知识

（1）《劳动法》相关知识。

（2）《安全生产法》相关知识。

(3)《计量法》相关知识。

(4)《产品质量法》相关知识。

(5)《环境保护法》相关知识。

(6)《价格法》相关知识。

(7)《消费者权益保护法》相关知识。

3. 工作要求

本标准对初级、中级、高级、技师的技能要求依次递进，高级别涵盖低级别的要求。

3.1 初级

职业功能	工作内容	技能要求	相关知识
一、油品购进	（一）油品验收	1. 能核对进油单据 2. 能检查确认送油罐车（船舱）铅封是否完好 3. 能辨别油品种类 4. 能检查汽车油罐车（船）中油品是否含有水杂	1. 油品识别知识 2. 油品质量识别知识 3. 送油罐车（船舱）接卸验收规定与要求
	（二）油品接卸	1. 能引导汽车油罐车（船舶）停靠 2. 能准备消防器材 3. 能连接静电导除装置 4. 能连接卸油胶管，开通阀门，完成接卸油作业 5. 能对卸油现场进行监控	1. 汽车油罐车（船舶）停靠规定 2. 汽车油罐车（船舶）接卸操作规程

续表

职业功能	工作内容	技能要求	相关知识
二、计量保管	(一)工具准备	1. 能选用量油尺、量水尺、密度计、温度计等 2. 能准备测量辅助材料	1. 量油尺、量水尺、温度计、密度计的规格、型号与选用知识 2. 试水膏、试油膏的使用知识
	(二)手工测量	1. 能测量油高、水高 2. 能采样及测量油品的温度、密度 3. 能读取和记录测量数据	1. 石油和液体石油产品采样法 2. 石油和液体石油产品液位测量法
	(三)自动计量	1. 能启动和关闭储罐计量应用系统 2. 能操作计算机查阅储油罐的液位、油品储量及相关数据 3. 能对液位报警做出判断，并采取相应处置措施	1. 自动液位仪数据的读取方法 2. 自动液位仪报警类型及处置方法

续表

职业功能	工作内容	技能要求	相关知识
二、计量保管	（四）油品储存	1. 能堆放整装油品 2. 能核对油品储存数量 3. 能填写油品保管登记账 4. 能完成油品盘点工作	1. 整装油品堆放方法与要求 2. 油品储存周期及防护知识 3. 油品保管账、表、单填写方法与要求 4. 油品盘点知识及油品收、发、存数量衔接关系
三、油品销售	（一）开票收款	1. 能手工和使用计算机开票 2. 能识别假人民币、假支票	1. 加油凭证、发票填写规范 2. 验钞机使用知识 3. 假币、假支票识别方法
	（二）售油	1. 能引车到位 2. 能操作加油设备，加注油品 3. 能区分油品性能、特点、使用要求，引导用户选购油品	1. 加油操作规程与规范 2. 加油机的使用知识 3. 加油站规范服务知识

续表

职业功能	工作内容	技能要求	相关知识
三、油品销售	（三）账务处理	1. 能完成交接班工作 2. 能完成班组日结账工作 3. 能填写销售记账表 4. 能规范填写支票	1. 交接班规定与要求 2. 班组结算知识 3. 账、表、单填写规范与要求 4. 支票填写规范
四、设备维护与安全管理	（一）设备维护	1. 能对加油机进行日常保养 2. 能对船舱及其附件进行日常保养 3. 能维护保养量油尺、量水尺 4. 能使用操作加油站内电气设备并进行维护 5. 能维护保养灭火器材	1. 加油机保养规定与要求 2. 船舱及其附件日常保养规定与要求 3. 量油尺、量水尺维护保养知识 4. 加油站内电气设备使用操作规程及维护知识 5. 灭火器材的维护保养知识
	（二）安全防护	1. 能使用加油站配置的灭火器材扑救各类初起火灾 2. 能按规定的程序、方法与要求处理加油站各类突发事件或事故	1. 油品初起火灾的扑救方法与要求 2. 混油、溢油、加错油、抢劫、盗窃等突发事件或事故的处理方法及规定

3.2 中级

职业功能	工作内容	技能要求	相关知识
一、油品购进	(一)组织进货	1. 能根据需求的变化、站内的销量及库存量制定进油计划 2. 能根据测量数据确定本次进油数量	1. 石油成品油购进计划编制与执行 2. 接卸油品的场地及辅助设备要求
	(二)油品接卸	1. 能对接卸油场地、设备、设施进行安全检查 2. 能纠正错误操作行为 3. 能处理不安全因素	1. 接卸油场地、设备、设施安全使用知识 2. 接卸油现场安全管理规定
二、计量保管	(一)工具准备	1. 能按规定存放、保管计量器具 2. 能按规定送检计量器具	1. 量油尺、量水尺、温度计、密度计等计量器具的管理知识 2. 计量器具检定程序、规定与要求知识

续表

职业功能	工作内容	技能要求	相关知识
二、计量保管	（二）油量计算	1. 能换算油品密度，修正测量数据误差 2. 能计算油品体积 3. 能计算油品质量（重量）	1. 误差理论基础知识 2. 油品密度换算法 3. 汽车油罐车、金属油罐、船舱容积表使用方法 4. 油品体积修正知识 5. 油品质量（重量）计算方法
	（三）自动计量	1. 能对加油机进行自校 2. 能操作液位仪软件系统，并判断液位仪的工作状态 3. 能操作计算机，自动生成和打印加油站各种管理报表	1. 加油机校验方法 2. 加油站储油罐自动计量系统硬件、软件使用操作知识 3. 温度、压力自动测量基本知识 4. 加油站管理报表格式、制作方法和要求

续表

职业功能	工作内容	技能要求	相关知识
二、计量保管	(四)油品储存	1. 能分析油品损耗原因 2. 能监控水杂对油品质量影响 3. 能清理储油罐内水杂 4. 能使用维护油气回收装置 5. 能完成设备、管线的防冻、防凝工作	1. 油品损耗发生的途径、影响因素及降耗措施 2. 油品质量变化的原因、影响因素及控制油品质量变化知识 3. 油罐水杂排除知识 4. 油气回收装置的工作原理、使用与维护知识 5. 温度应力基本知识
三、油品销售	(一)售油	1. 能对加油站顾客群进行分析 2. 能针对不同客户采取不同营销措施 3. 能解答顾客提出的有关油品数量、质量异议 4. 能操作 IC 卡加油机管控系统	1. 加油站客户分类知识 2. 客户管理的内容与原则 3. 客户管理的分析方法 4. 加油站油品数量、质量管理知识

续表

职业功能	工作内容	技能要求	相关知识
三、油品销售	(一)售油	5. 能区分各种车用润滑油、润滑脂 6. 能介绍常用车用润滑油、润滑脂的产品性能特点	5. IC 卡加油机管控系统软件、硬件使用操作知识 6. 车用润滑油、润滑脂的品种代号表示方法、意义及性能知识
	(二)账务处理	1. 能填制加油站各种账、表、单 2. 能通过计算机网络接收和上传各种财务报表、IC 卡加油机管控系统数据	1. 加油站账、表、单及填写规范 2. 库存商品盘点知识 3. 搜索引擎的使用、信息检索与下载方法 4. 常用浏览器的参数设置方法
四、设备维护与安全管理	(一)设备维护	1. 能检查、判断加油机及其附件是否完好 2. 能检查、判断静电导除装置是否完好 3. 能检查、判断储油、输油设备是否完好	1. 加油站设备管理知识 2. 加油站设备完好标准知识 3. 加油站电气设备、线路安全知识

续表

职业功能	工作内容	技能要求	相关知识
四、设备维护与安全管理	（一）设备维护	4. 能对加油站电气设备进行安全检查 5. 能对加油站储罐自动计量系统进行简单维护	4. 加油站储罐自动计量系统运行条件及维护保养知识
	（二）安全防护	1. 能对加油站作业现场、设备、设施进行安全检查 2. 能发现安全隐患，并能按规定进行处理 3. 能分析事故发生的原因，并按规定进行处理	1. 加油站作业现场安全检查与防护知识 2. 加油站设备、设施完好标准知识 3. 事故隐患或苗头分析、预防及处理知识 4. 事故分析与处理知识

3.3 高级

职业功能	工作内容	技能要求	相关知识
一、计量保管	（一）油量计算	1. 能分析油品损(溢)发生的原因 2. 能提出油品损(溢)的处理方法	油品损(溢)管理知识
	（二）自动计量	1. 能校核液位仪测量数据的准确性 2. 能分析液位仪测量误差 3. 能通过液位仪完成储油罐容积标定 4. 能对液位仪自动计量系统进行维护保养，并完成软、硬件系统参数设定	1. 液位仪的工作原理 2. 加油站账、表、单知识 3. 液位仪误差分析理论知识
	（三）油品储存	1. 能看懂油品质量化验单、检验报告 2. 能判断油品是否合格，并按规定程序处理	1. 油品质量理化参数及标准知识 2. 油品质量化验单、检验报告识读知识 3. 加油站变质油品处理规定

续表

职业功能	工作内容	技能要求	相关知识
二、油品销售	(一)售油	1. 能判断顾客心理 2. 能建立客户档案，维护客户关系 3. 能根据汽车发动机的性能要求，指导顾客选用油品 4. 能处理顾客投诉 5. 能指导用户选购车用润滑油、润滑脂 6. 能进行单项营销策划	1. 加油站顾客消费心理分析知识 2. 客户档案管理的内容与原则 3. 汽车发动机的工作原理、用油要求知识 4. 处理顾客投诉的原则与方法 5. 车用润滑油的质量等级与粘度等级选择知识 6. 车用润滑脂的品种、牌号及用途知识
	(二)账务处理	1. 能计算增值税、营业税、所得税 2. 能对加油站销量、成本、利润进行核算 3. 能采取措施控制加油站费用	1. 税法有关知识 2. 增值税、营业税、所得税的计算知识 3. 成本核算与控制知识

续表

职业功能	工作内容	技能要求	相关知识
三、设备维护与安全管理	（一）设备维护	1. 能检查、判断储油罐（船舱）、输油管线渗漏等异常情况，并及时进行处理 2. 能测试静电导除装置电阻，并判断其工作性能是否优良 3. 能排除加油机不记数等常见故障 4. 能维护保养加油站内电气设备	1. 油品特性及储、输油设备渗漏判断与处理知识 2. IC卡加油机管控系统工作原理与维护知识 3. 静电接地电阻测试工作原理与方法 4. 加油机的结构、工作原理及常见故障排除知识 5. 发电机组、配电箱等电气设备使用、维护保养知识 6. 电气设备防爆知识 7. 计算机网络维护基本知识
	（二）安全防护	1. 能制订消防预案 2. 能制订防盗窃、抢劫等各种突发性事故预案 3. 能组织、指挥事故抢险 4. 能组织应急预案的日常演练	1. 预案制订的方法、原则知识 2. 事故抢险理论基础知识

3.4 技师

职业功能	工作内容	技能要求	相关知识
一、计量保管	(一)卧式储油容器标定	能对卧式油罐容积进行检定，并对误差进行分析与修正	1. 误差分析与处理知识 2. 卧式油罐检定规程 3. 卧式油罐容积表校正原理与方法
	(二)自动计量	1. 能安装调试液位仪 2. 能分析判断液位仪自动计量系统故障 3. 能设计加油站的储罐监测系统	1. 液位仪安装调试知识 2. 液位仪常见故障分析与排除知识 3. 液位仪安全监测系统工作原理与设计基本知识
二、油品销售	(一)售油	1. 能根据加油站客户消费心理、行为表现、决策过程采取不同的对策 2. 能根据加油站所处市场环境制定并实施加油站差异化服务策略 3. 能根据加油站的市场环境提出促销策划的建议 4. 能用英语介绍油品选用知识	1. 客户消费心理、行为表现及决策过程知识 2. 差异化服务知识 3. 加油站目标市场选择知识 4. 成品油促销策划知识 5. 油品销售专业英语

续表

职业功能	工作内容	技能要求	相关知识
二、油品销售	(二)财务分析	1. 能阅读、分析加油站财务报表 2. 能对经营数据进行分析，为加油站经营决策提供依据	1. 财务管理知识 2. 财务报表阅读、分析知识
三、设备维护与安全管理	设备维护	1. 能组织实施储油设备、输油管线堵漏工作 2. 能组织实施油罐清洗工作 3. 能对加油站设备维修、改造、安装工程进行监督 4. 能组织实施加油站的设备验收 5. 能选用、安装、调试加油站防爆电气设备及其他设备(油罐附件、加油机)	1. 储油容器、输油管线防漏、堵漏的方法与组织实施要求 2. 油罐清洗操作规程 3.《加油站及小型石油库设计施工规范》中设备安装相关知识 4. 工程设备验收方法与规范 5. 电气设备防爆知识

续表

职业功能	工作内容	技能要求	相关知识
四、管理	(一)作业管理	1. 能编制加油站各项操作规程 2. 能组织人员协同作业 3. 能制定加油站各项作业管理制度	1. 加油站管理规范 2. 操作规程编制的原则、方法、步骤知识 3. 作业管理基本知识
	(二)数、质量管理	1. 能对经营的油品数量进行管理 2. 能对经营的油品质量进行管理	1. 油品数量发生变化的环节、途径与控制知识 2. 油品数量管理知识 3. 油品质量标准知识
	(三)技术管理	1. 能完善设备技术管理档案 2. 能对加油站的选址、建设提供咨询和技术指导 3. 能收集加油站相关新技术、新设备、新工艺、新材料的应用情况	1. 设备档案建立与管理知识 2. 加油站发展动态信息收集与整理基本知识

续表

职业功能	工作内容	技能要求	相关知识
四、管理	(四)经营信息管理	1. 能收集整理周边市场需求信息 2. 能够从事和组织周边市场调研活动,并撰写市场调查报告。 3. 能对经营信息进行整理、分析,从中发现有价值的信息,并提出相应的建议	1. 信息收集与处理基本知识 2. 市场调查的方法与原则知识 3. 加油站经营决策相关知识
五、培训指导		1. 能指导本职业初、中、高级操作人员进行实际操作 2. 能对本职业初、中、高级操作人员进行理论培训	1. 教学基本知识 2. 培训讲义的编写、教学课件的制作方法与要求

4. 比 重 表

4.1 理论知识

<table>
<tr><th colspan="3">项　　　　目</th><th>初级（%）</th><th>中级（%）</th><th>高级（%）</th><th>技师（%）</th></tr>
<tr><td colspan="2" rowspan="2">基本要求</td><td>职业道德</td><td>3</td><td>3</td><td>3</td><td>3</td></tr>
<tr><td>基础知识</td><td>20</td><td>15</td><td>10</td><td>10</td></tr>
<tr><td rowspan="17">相关知识</td><td rowspan="3">油品购进</td><td>油品验收</td><td>5</td><td>—</td><td>—</td><td>—</td></tr>
<tr><td>油品接卸</td><td>10</td><td>4</td><td>—</td><td>—</td></tr>
<tr><td>组织进货</td><td>—</td><td>5</td><td>—</td><td>—</td></tr>
<tr><td rowspan="6">计量保管</td><td>工具准备</td><td>3</td><td>5</td><td>—</td><td>—</td></tr>
<tr><td>手工测量</td><td>10</td><td>—</td><td>—</td><td>—</td></tr>
<tr><td>自动计量</td><td>5</td><td>8</td><td>10</td><td>5</td></tr>
<tr><td>油品储存</td><td>5</td><td>8</td><td>10</td><td>—</td></tr>
<tr><td>油量计算</td><td>—</td><td>10</td><td>10</td><td>—</td></tr>
<tr><td>储油容器标定</td><td>—</td><td>—</td><td>—</td><td>12</td></tr>
<tr><td rowspan="4">油品销售</td><td>开票收款</td><td>5</td><td>—</td><td>—</td><td>—</td></tr>
<tr><td>售　油</td><td>12</td><td>12</td><td>18</td><td>20</td></tr>
<tr><td>账务处理</td><td>4</td><td>10</td><td>15</td><td>—</td></tr>
<tr><td>财务分析</td><td>—</td><td>—</td><td>—</td><td>10</td></tr>
<tr><td rowspan="2">设备维护与安全管理</td><td>设备维护</td><td>10</td><td>10</td><td>12</td><td>15</td></tr>
<tr><td>安全防护</td><td>8</td><td>10</td><td>12</td><td>—</td></tr>
</table>

续表

项　目			初级（%）	中级（%）	高级（%）	技师（%）
相关知识	管　理	生产作业管理	—	—	—	5
		数、质量管理	—	—	—	5
		技术管理	—	—	—	5
		经营信息管理	—	—	—	5
	培训与指导	培训与指导	—	—	—	5
合　计			100	100	100	100

4.2 技能操作

项目			初级(%)	中级(%)	高级(%)	技师(%)
技能要求	油品购进	油品验收	5	—	—	—
		油品接卸	10	5	—	—
		组织进货	—	5	—	—
	计量保管	工具准备	5	5	—	—
		手工测量	15	—	—	—
		油量计算	—	15	10	—
		油品储存	10	15	10	—
		自动计量	5	10	15	10
		储油容器标定	—	—	—	20
	油品销售	开票收款	10	—	—	—
		售　油	15	10	15	15
		账务处理	10	15	20	—
		财务分析	—	—	—	15
	设备维护与安全管理	设备维护	5	10	20	15
		安全防护	10	10	10	—
	管　理	生产作业管理	—	—	—	5
		数、质量管理	—	—	—	5
		技术管理	—	—	—	5
		经营信息管理	—	—	—	5
	培训与指导	培训与指导	—	—	—	5
合　计			100	100	100	100

国家职业标准

汽车加气站操作员

中华人民共和国劳动和社会保障部制定

说　明

根据《中华人民共和国劳动法》的有关规定，为了进一步完善职业标准体系，为职业培训和职业技能鉴定提供科学、规范的依据，劳动和社会保障部委托中国石油天然气集团公司职业技能鉴定指导中心组织有关专家，按照《国家职业标准制定技术规程》，制定了《汽车加气站操作员职业标准》（以下简称《标准》）。

一、本《标准》以客观反映现阶段本职业的技术水平和对该职业从业人员的规范性要求为目标，在充分考虑经济发展、科技进步和产业结构变化对本职业影响的基础上，对该职业的活动范围、工作内容、技能要求和知识水平做了明确规定。

二、制定本《标准》遵循了有关技术规程的要求，既保证了《标准》的规范性，又体现了以职业活动为导向、以职业技能为核心的特点，同时也使其具有根据科学技术发展进行调整的灵活性和实用性，符合培训、鉴定和就业工作的需要。

三、本《标准》根据 CNG/LPG 汽车加气站的规模及特点将本职业分为四个等级，包括职业概况、基本要求、工作要求和鉴定比重等四个方面的内容。

四、本《标准》是在各有关专家和鉴定工作者的共同

努力下完成的。参加编写工作的人员主要有曾庆富、贺泽元、曹兴炳、刘润昌、陈晓辉、李林前、邱兴镛、白剑、安贵龙、成建国、梁飞、赵维吉、蔡学军、吴燕、肖国栋。参加审定工作的人员主要有向守源、冯朝富、罗凤英、李克、廖良庆、何坤琦、张有升、刘强、张敏、何波、胡影、李建伟、郑萍。《标准》在制定过程中，得到了中国石油化工集团公司有关企业和专家的大力支持，在此一并致谢。

五、本《标准》经劳动和社会保障部批准，自2007年2月6日起施行。

汽车加气站操作员职业标准

1. 职 业 概 况

1.1 职业名称

汽车加气站操作员。

1.2 职业定义

操作 CNG(压缩天然气)/LPG(液化石油气)加气站设备，对汽车进行加气的人员。

1.3 职业等级

本职业共设四个等级，分别为初级(国家职业资格五级)、中级(国家职业资格四级)、高级(国家职业资格三级)、技师(国家职业资格二级)。

1.4 职业环境

室内、外作业。

1.5 职业能力特征

具有一定的理解、表达、分析、判断能力，动作协调灵活，对气味反应灵敏。

1.6 基本文化程度

高中毕业(或同等学历)。

1.7 培训要求

1.7.1 培训期限

全日制职业学校教育，根据其培养目标和教学计划确定期限。晋级培训：初级不少于120标准学时；中级不少于160标准学时；高级不少于200标准学时，技师不少于240标准学时。

1.7.2 培训教师

培训初、中、高级的教师应具有本职业技师以上职业资格或中级以上专业技术职务任职资格；培训技师的教师应具有本职业技师职业资格或相应专业中级以上专业技术职务任职资格。

1.7.3　培训场地设备

理论培训应具有可容纳 30 名以上学员的教室；实际操作培训场所应具有相应的设备、工具和安全设施完善的场地。

1.8　鉴定要求

1.8.1　适用对象

从事或准备从事本职业的人员。

1.8.2　申报条件

分别按中国石油天然气集团公司、中国石油化工集团公司职业技能鉴定申报政策有关规定执行。

1.8.3　鉴定方式

本职业分 CNG 和 LPG 两个模块，根据申报人实际情况选择相关模块进行鉴定。鉴定分为理论知识考试和技能操作考核。理论知识考试采用闭卷笔试，技能操作考核采用现场实际操作方式。理论知识考试和技能操作考核均实行百分制，成绩皆达 60 分及以上者为合格。技师还须进行综合评审。

1.8.4　考评员与考生配比

理论知识考试考评人员与考生配比为 1∶15，每标准教室不少于 2 名考评人员；技能操作考核考评员与考生配比为 1∶5，且不少于 3 名考评员；技师综合评审委员不少于 5 人。

1.8.5 鉴定时间

理论知识考试不少于90分钟；技能操作考核不少于60分钟。

1.8.6 鉴定场所设备

理论知识考试在标准教室进行。技能操作考核在有相应的仪器、设备、工具和安全设施完善的场地进行。

2. 基本要求

2.1 职业道德

2.2.1 职业道德基本知识

2.2.2 职业守则

（1）遵守法律、法规和有关规定；

（2）爱岗敬业、忠于职守、诚信服务、自觉认真履行各项职责；

（3）严格遵守工作程序、工作规范和安全操作规程；

（4）工作认真负责，具有团队协作精神；

（5）爱护设备和工具；

（6）着装规范，保持工作环境整洁，坚持安全文明生产。

2.2 基础知识

2.2.1 天然气基础知识

（1）天然气的组成和分类；

（2）天然气及其组分的物理化学性质；

（3）天然气含水量及水化物；

（4）天然气压缩与节流。

2.2.2 LPG 基础知识

（1）LPG 的组成和分类；

（2）LPG 物理化学性质；

（3）汽车用 LPG 知识。

2.2.3 天然气预处理知识

（1）天然气过滤及气液分离；

（2）天然气脱硫；

（3）天然气脱水；

（4）汽车用 CNG 知识。

2.2.4 CNG 加气站设备配置及系统运行知识

（1）CNG 加气站组成系统及其功能；

（2）天然气的预处理及调压计量系统；

（3）CNG 脱硫系统（装置）；

（4）CNG 脱水系统（装置）；

（5）天然气增压及辅助系统；

（6）压缩机的监控保护装置；

（7）CNG 储气系统；

（8）加气装置及 CNG 汽车；

（9）CNG 加气站工艺管道系统；

（10）CNG 加气站系统运行知识。

2.2.5 LPG 加气站设备配置及系统运行知识

（1）LPG 加气站工艺系统及其功能；

（2）LPG 压缩机及 LPG 泵；

（3）安全检测及消防系统；

（4）LPG 加气机及 LPG 汽车。

2.2.6 CNG/LPG 加气站常用仪器、仪表知识

（1）压力、温度及流量仪表；

（2）LPG 储罐液位仪表；

（3）电气仪器仪表；

（4）天然气中微量 H_2S 及微量 H_2O 分析仪；

（5）可燃气体报警系统。

2.2.7 电工基础知识

（1）直流电基本常识；

（2）交流电及三相交流电基本常识；

（3）CNG/LPG 加气站常用电器知识。

2.2.8 钳工基础知识

（1）机械识图；

（2）润滑知识；

（3）常用工、器具及材料。

2.2.9 安全生产与环保知识（HSE）

（1）现场管理规范要求；

（2）CNG/LPG 加气站应急预案；

（3）压力容器安全知识；

（4）安全用电知识；

（5）防静电及防雷接地知识；

（6）H_2S 中毒防护知识；

（7）CNG 加气站设备及管道防冻保温知识；

（8）消防知识；

（9）环境保护常识。

2.2.10 劳动法及相关法律法规常识

（1）劳动法的相关知识；

（2）安全生产法相关知识；

（3）计量法相关知识；

（4）产品质量法相关知识；

（5）环境保护法相关知识。

3. 工作要求

本标准对初级、中级、高级、技师的要求依次递进，高级别涵盖低级别的要求。

3.1 初级

职业功能	工作内容	技能要求	相关知识
一、天然气预处理及净化	（一）操作、维护天然气分离器	1. 能投运、停运分离器 2. 能调整分离器的运行工况 3. 能处理分离器常见故障 4. 能拆卸、清洗过滤器	1. 分离器的类型、结构及工作原理 2. 分离器的安全附件 3. 分离器的维护保养知识 4. 过滤器的结构、型号 5. 过滤器清洗方法
	（二）压力调节阀的开停操作	1. 能启动并调节压力调节阀 2. 能停运压力调节阀	1. 压力调节阀结构及原理 2. 压力调节阀操作方法

续表

职业功能	工作内容	技能要求	相关知识
一、天然气预处理及净化	（三）CNG加气站净化装置开、停车	1. 能进行脱硫装置的开车 2. 能进行脱硫装置的停车 3. 能进行脱水装置的开车 4. 能进行脱水装置的停车	1. CNG加气站脱硫工艺知识 2. 脱硫装置的开车方法 3. 脱硫装置的停车方法 4. CNG加气站脱水工艺知识 5. 脱水装置的开车方法 6. 脱水装置的停车方法
	（四）测定天然气中微量水	能利用现场配置的微量水分析仪测定天然气中微量水含量	1. 天然气微量水含量电解法测定原理 2. 天然气微量水含量测定方法
二、天然气压缩存储	操作运行天然气压缩机 1. 启动天然气压缩机前的准备	1. 能手动盘车 2. 能启动供电系统润滑油泵、冷却系统（保温系统） 3. 能判定油压、气压、水压、水温、润滑油示值是否正常	压缩机的结构及分类

续表

职业功能	工作内容	技能要求	相关知识
二、天然气压缩存储	2. 启动、运行天然气压缩机	1. 能按操作规程启动压缩机 2. 能按要求进行储气装置的补气 3. 能根据压缩机运行中的压力、温度、电流、电压等异常示值，采取相应处理措施	1. 压缩机安全操作规程 2. 电机启动知识
	3. 停运天然气压缩机	1. 能按操作规程进行压缩机及辅机的停运 2. 能填写设备运行记录	压缩机维护保养知识
三、LPG加气站工艺设备运行维护	(一) 切换工艺流程	能完成接卸、排污工艺流程的切换	工艺流程操作规程

续表

职业功能	工作内容	技能要求	相关知识
三、LPG加气站工艺设备运行维护	（二）维护工艺管路 1. 维护工艺管道阀门	1. 能更换阀门盘根 2. 能更换工艺管道阀门 3. 能检查并开启紧急切断阀 4. 能维护保养紧急切断阀	1. 阀门的类型、工作原理、结构及更换方法 2. 阀门盘根的换装方法 3. 紧急切断阀的类型、结构、工作原理 4. 紧急切断阀的操作和维护保养知识
	2. 维护其他附件	1. 能更换氮气瓶 2. 能更换压力表、能检查、判断压力表故障 3. 能拆卸、安装安全阀	1. 氮气瓶安装操作规程 2. 常用压力表的型号、工作原理及其故障的判断 3. 压力表的更换方法 4. 安全阀的型号、结构、工作原理及安装、拆卸方法

续表

职业功能	工作内容	技能要求	相关知识
三、LPG加气站工艺设备运行维护	（三）接卸LPG汽车槽车	1. 能连接气相、液相软管 2. 能开关气相、液相阀 3. 能开关LPG汽车槽车紧急切断阀	1. LPG汽车槽车的结构、工作原理、操作规程 2. LPG汽车槽车安全充装、接卸操作规程
	（四）LPG泵的开、停操作	1. 能检查、判断润滑油位是否正常 2. 能按操作规程启动LPG泵 3. 能根据LPG泵运行中压力、温度、振动、噪音等异常现象并采取相应处理措施 4. 能按操作规程进行停运LPG泵 5. 能填写设备运行记录	1. LPG泵的操作规程 2. LPG泵的类型、结构、工作原理 3. LPG泵维护保养知识

续表

职业功能	工作内容	技能要求	相关知识
四、加气及计量	(一)CNG/LPG 加气及计量 1. CNG/LPG 加气	1. 能引车到位 2. 能进行 CNG/LPG 汽车加气前的安全检查 3. 能对 CNG/LPG 汽车加气 4. 能对加汽机机进行日常维护	1. CNG/LPG 加气机工作原理、操作方法 2. 防静电知识 3. LPG 基本知识 4. CNG/LPG 汽车安全知识
	2. 天然气计量	1. 能读取天然气流量计的示值 2. 能计算并填写天然气计量数据	1. 气体流量计型号、结构和分类 2. 天然气计量知识
	3. LPG 计量	1. 能准确识读 LPG 液位值 2. 能计算 LPG 储罐进、出液量 3. 能读取、计算 LPG 加气量	1. LPG 计量知识 2. 应用储罐的容积表计算储罐容量方法 3. 液位计的类型、结构、工作原理

续表

职业功能	工作内容	技能要求	相关知识
四、加气及计量	（二）操作计算机集中控制系统	1. 能操作计算机 2. 能识别控制系统中各种图形、符号和参数 3. 能进行数据收集和整理	1. 计算机基本知识 2. 计算机监控操作规程
五、安全及管理	（一）安全与消防	1. 能维护、保养灭火器 2. 能使用灭火器能启、停消防水泵 3. 能判断 CNG/LPG 加气站紧急情况	1. 灭火器的型号、结构、性能和灭火原理 2. 消防水泵操作规程 3. 紧急预案知识 4. CNG/LPG 加气站工艺流程
	（二）生产经营管理	1. 能介绍产品 2. 能开据销售发票 3. 能识别假人民币、银行汇票、商业汇票、信用卡和 IC 卡 4. 能完成班日结账工作、汇总班日销售报表	1. 班组结账知识 2. 识别假币、信用卡、IC 卡知识

3.2 中级

职业功能	工作内容	技能要求	相关知识
一、天然气预处理及净化	（一）维护保养压力调节阀	1. 能拆卸压力调节阀 2. 能更换压力调节阀易损零部件	1. 压力调节阀更换方法 2. 压力调节阀易损件知识
	（二）再生固体脱硫剂	能进行固体脱硫剂的再生	1. 固体脱硫剂再生原理 2. 固体脱硫剂再生工艺流程 3. 固体脱硫剂再生操作方法
	（三）再生分子筛脱水剂	1. 能切换分子筛脱水剂的再生流程 2. 能进行分子筛脱水剂再生	1. 分子筛脱水剂再生原理 2. CNG 加气站脱水装置工艺流程 3. 分子筛脱水剂再生操作方法
	（四）测定天然气中 H_2S 含量	能进行天然气微量 H_2S 浓度分析	1. 天然气微量 H_2S 分析原理 2. 天然气微量 H_2S 分析方法

续表

职业功能	工作内容	技能要求	相关知识
二、天然气压缩及存储	(一)维护、保养天然气压缩机 1. 检修、保养天然气压缩机气阀	1. 能按程序拆装气阀 2. 能排除气阀常见故障 3. 能进行气阀的严密性试验	1. 气阀结构及工作原理 2. 气阀拆卸方法
	2. 检查、补充、更换天然气压缩机润滑油	1. 能根据目测、手感对润滑油的品质定性判断 2. 能根据季节选用相应粘度的润滑油 3. 能补充、更换润滑油	1. 润滑油的选择及使用知识 2. 压缩机润滑油路知识
	3. 操作、维护CNG顺序控制阀(盘)	1. 能操作手动顺序阀向储气库充气 2. 能设定、调整自动顺序盘的顺序阀开启压力 3. 能更换顺序阀易损件	1. 手动顺序阀的操作方法 2. 自动顺序盘调整维护方法 3. 顺序阀的结构和工作原理

续表

职业功能	工作内容	技能要求	相关知识
二、天然气压缩及存储	（二）操作维护 CNG 储气装置	1. 能对 CNG 储气装置排污、放空 2. 能对 CNG 储气装置进行冷却 3. 能检查、保养 CNG 储气装置 4. 能分析、处理 CNG 储气装置常见故障	1. 压力容器使用及管理知识 2. 压力容器的安全附件知识
三、LPG 加气站工艺设备运行维护	（一）维护工艺管路 1. 检修、更换工艺管道切断阀	1. 能判断并排除切断阀的故障 2. 能拆卸、安装工艺管道切断阀 3. 能判断氮气控制系统、失压原因 4. 能调整氮气控制系统压力	1. 工艺管道阀门的类型、结构工作原理和拆卸作业程序 2. 阀门故障的判断和检修知识 3. 氮气系统工作原理及操作规程

续表

职业功能	工作内容	技能要求	相关知识
三、LPG加气站工艺设备运行维护	2. 更换温度、压力、液位变送器	1. 能拆卸、安装温度变送器 2. 能拆卸、安装压力变送器 3. 能拆卸、安装液位变送器	温度、压力、液位变送器的拆卸、安装方法
	(二)使用、维护LPG储罐	1. 能进行LPG储罐倒罐、放空、抽真空作业 2. 能判断、排除LPG储罐液位计一般故障	1. LPG储罐倒罐、放空、抽真空操作安全知识 2. LPG储罐倒罐、放空、抽真空操作程序 3. LPG液位计的结构、工作原理及检修方法
	(三)排除LPG汽车槽车卸车系统常见故障	1. 能排除LPG汽车槽车紧急切断阀故障 2. 能排除卸车管路常见故障	1. LPG汽车槽车卸车管路系统结构、工作原理 2. LPG汽车紧急切断阀自动关闭故障的排除方法

续表

职业功能	工作内容	技能要求	相关知识
三、LPG加气站工艺设备运行维护	（四）维护LPG泵	1. 能检查并调整LPG泵轴的上下间隙 2. 能检查、紧固LPG泵的连接件 3. 能检查并更换LPG泵静密封	1. LPG泵叶轮、轴的对中间隙量及调整方法 2. LPG泵各连接件的检查、紧固方法 3. LPG泵的各静密封点位置、工作原理 4. LPG泵静密封件规格型号及更换方法
四、加气及计量	（一）使用、维护CNG/LPG加气机 1. 更换CNG/LPG加气机的密封件	1. 能更换CNG/LPG加气机的密封件 2. 能更换、清洗CNG/LPG加气机过滤器滤芯	1. CNG/LPG加气机加气管路的密封知识 2. CNG/LPG密封件的规格、型号及更换方法
	2. 设置加气机工作参数，校正流量计零点	1. 能设置CNG/LPG售气单价、密度 2. 能设置CNG/LPG加气机限压值 3. 能校正CNG/LPG加气机流量计零点	1. CNG/LPG加气机参数设置方法 2. CNG/LPG流量计零点校正方法

续表

职业功能	工作内容	技能要求	相关知识
四、加气及计量	（二）操作计算机集中控制系统	能根据计算机提示信号判断故障	计算机集中控制系统工作原理
	（三）维护检修 CNG/LPG 汽车供气系统	1. 能判断供气系统故障 2. 能拆卸、清洗减压器、滤芯 3. 能清洗 LPG 汽车储气罐	1. CNG/LPG 汽车供气系统知识 2. CNG/LPG 汽车调试方法
五、安全及管理	（一）安全与消防	1. 能维护消防水泵 2. 能使用便携式可燃气体报警检测仪 3. 能对固定式报警装置进行调校和报警复位 4. 能按应急预案进行应急处理	1. 消防水泵的结构、工作原理和维护方法 2. 报警检测仪工作原理 3. 固定式报警装置探头的调校试验方法 4. 应急预案知识

续表

职业功能	工作内容	技能要求	相关知识
五、安全及管理	（二）生产经营管理	1. 能对 CNG/LPG 市场进行调查 2. 能争求顾客意见、处理顾客异议 3. 能掌握产品储量，保证用户要求	CNG/LPG 物能性能及应用知识

3.3 高级

职业功能	工作内容	技能要求	相关知识
一、天然气预处理及净化	（一）更换固体脱硫剂	1. 能判断固体脱硫剂是否失效 2. 能按技术要求进行失效固体脱硫剂卸料 3. 能装填固体脱硫剂	1. 判断固体脱硫剂失效常规方法 2. 固体脱硫剂卸料操作方法 3. 固体脱硫剂装填操作方法
	（二）更换分子筛脱水剂	1. 能判断分子筛脱水剂是否失效 2. 能更换分子筛换脱水剂及填料	1. 判断分子筛脱水剂失效常规方法 2. 分子筛脱水剂更换操作方法
	（三）排除CNG脱水装置常见故障	1. 能排除罗茨风机卡滞故障 2. 能排除阀门常见故障 3. 能排除CNG脱水装置电加热炉常见故障	1. 罗茨风机使用方法 2. 阀门使用知识 3. CNG脱水装置电加热炉结构知识

续表

职业功能	工作内容	技能要求	相关知识
二、天然气压缩存储	(一)维护、保养天然气压缩机 1. 检修、保养天然气压缩机活塞组件	1. 能正确选择工、器具 2. 能拆装天然气压缩机活塞、活塞环 3. 能调整天然气压缩机活塞环间隙 4. 能更换天然气压缩机填料	1. 压缩机活塞组件的结构知识 2. 压缩机活塞组件、填料安装方法
	2. 排除天然气压缩机冷却设备故障	1. 能排除循环水泵常见故障 2. 能排除循环水系统故障 3. 能排除软化水处理装置故障	1. 离心式水泵使用方法 2. 冷却器使用知识 3. 软化水处理装置操作方法
	3. 维修、保养天然气压缩机注油器	1. 能拆装天然气压缩机注油器 2. 能调节天然气压缩机注油器排量	1. 压缩机注油器结构、工作原理 2. 压缩机注油器拆装方法

续表

职业功能	工作内容	技能要求	相关知识
二、天然气压缩存储	（二）检查、维修CNG加气站高压管阀件	1. 能进行高压管阀件拆装前的准备工作 2. 能拆装、维修和更换高压管阀件 3. 能排除高压管阀件故障	1. 高压管阀件知识 2. CNG加气站常用高压管阀件安装方法和技术要求
三、LPG加气站工艺设备运行维护	（一）使用、维护LPG储罐	1. 能进行LPG储罐吹扫 2. 能进行LPG储罐置换和投运	1. LPG储罐投运方法 2. LPG储罐安全运行知识
	（二）检修LPG泵	1. 能更换LPG泵机械密封 2. 能更换LPG泵叶轮 3. 能调整LPG泵叶轮、轴密封环的配合间隙	1. 机械密封结构和工作原理和更换方法 2. LPG泵叶轮、密封环、轴的配合知识和更换方法

续表

职业功能	工作内容	技能要求	相关知识
四、加气及计量	（一）排除CNG/LPG加气机故障	1. 能排除CNG/LPG加气机限压阀故障 2. 能排除CNG/LPG加气机电磁阀故障 3. 能排除CNG/LPG加气机球阀故障 4. 能更换CNG/LPG加气机拉断阀	1. CNG/LPG加气机限压阀结构、工作原理及故障排除方法 2. CNG/LPG加气机电磁阀结构及故障排除方法 3. CNG/LPG加气机球阀结构及故障排除方法 4. CNG/LPG拉断阀的结构及工作原理
	（二）操作计算机集中控制系统	1. 能根据计算机提示信号判断故障点并排除故障 2. 能输出销售报表	计算机集中控制系统工作原理
	（三）调试CNG/LPG汽车	1. 能调试CNG/LPG汽车 2. 能排除CNG/LPG汽车供气系统故障	1. CNG/LPG汽车供气系统工作原理 2. CNG/LPG汽车调试方法

续表

职业功能	工作内容	技能要求	相关知识
五、安全及管理	（一）安全与消防	1. 能选择和更换低压熔丝 2. 能对继电器动作进行判断和复位 3. 能更换防爆照明灯具 4. 能完成消防水泵的三级保养 5. 能组织现场人员进行事故的应急处理	1. 常用电器电流的计算和熔丝的选择知识 2. 继电器构造和工作原理 3. 防爆区电气操作规程 4. 消防水泵的维护保养知识 5. 应急预案知识
	（二）生产经营管理 1. CNG/LPG 汽车加气管理	1. 能进行 CNG/LPG 汽车专用装置的安全检查 2. 能建立 CNG/LPG 汽车单车档案	CNG/LPG 汽车专用装置安装知识
	2. 财务处理	1. 能填制 CNG/LPG 加气站发票领用表 2. 能计算增值税、营业税、所得税 3. 能简易核算 CNG/LPG 加气站的损益	1. 增值税、营业税所得税计算知识 2. 库存商品盘点知识

3.4 技师

职业功能	工作内容	技能要求	相关知识
一、天然气预处理及净化	（一）压力调节阀选型及维修	1. 能根据计算结果选择压力调节阀 2. 能分析和处理压力调节阀常见故障	1. 压力调节阀的选型及流通能力 KV 值计算知识 2. 压力阀节阀常见故障排除方法
	（二）安装调试微量水分析仪	1. 能安装天然气微量水含量分析仪 2. 能调试天然气微量水含量分析仪	天然气微量水分析仪安装调试方法
	（三）工艺系统的吹扫、试压、置换	1. 能组织并实施高压管路的酸洗、钝化 2. 能组织并实施对工艺系统吹扫 3. 能组织管路系统的强度和严密性试验 4. 能组织对管路系统进行气体置换	1. 管路的酸洗、钝化知识 2. 管路吹扫试压及气体置换知识

续表

职业功能	工作内容	技能要求	相关知识
二、天然气压缩存储	（一）安装调试天然气压缩机 1. 安装天然气压缩机	1. 能按照技术文件对设备基础进行检查验收 2. 能按技术文件调校天然气压缩机的水平度及位置 3. 能组织安装、连接天然气压缩机及辅助系统	1. 天然气压缩机安装规范 2. 设备安装知识
	2. 调试天然气压缩机	1. 能进行天然气压缩机的无负荷、有负荷试运转 2. 能对天然气压缩机试运转过程中所规定的项目进行检测及调试 3. 能处理天然气压缩机试运转中突发异常情况 4. 能编写天然气压缩机安装调试报告	1. 天然气压缩机试运行有关技术要求 2. 天然气压缩机运行异常情况的处理方法 3. 天然气压缩机安装调试报告编写的要求

续表

职业功能	工作内容	技能要求	相关知识
二、天然气压缩存储	（二）维护保养天然气压缩机	1. 能排除天然气压缩机排气温度过高的故障 2. 能排除天然气压缩机级间压力异常的故障 3. 能排除天然气压缩机运动部件异响故障 4. 能排除天然气压缩机十字滑杆发热的故障 5. 能排除天然气压缩机润滑油油压异常的故障 6. 能排除天然气压缩机异常震动的故障	1. 天然气压缩机结构及工作原理 2. 天然气压缩机各种故障的排除方法
三、LPG加气站工艺设备运行维护	（一）制订并实施工艺系统投运方案	1. 能制订并实施工艺系统隔断、置换方案 2. 能制定并实施试压、投运方案	1. 工艺系统安装及投运知识 2. 工艺系统投运方案的编写规范

续表

职业功能	工作内容	技能要求	相关知识
三、LPG加气站工艺设备运行维护	（二）LPG储罐的检验	1. 能进行待检LPG储罐的隔离、放空置换 2. 能配合完成LPG储罐的检验工作	LPG储罐检验知识
	（三）安装、维护LPG泵	1. 能组织安装调试LPG泵 2. 能编写LPG泵安装调试报告 3. 能排除LPG泵不能启动、过载、不排液、排液中断、异常震动、噪音等故障	1. LPG泵安装调试知识 2. LPG泵结构及工作原理
四、加气及计量	（一）检定CNG/LPG加气机	1. 能配合质量技术监督部门完成CNG/LPG加气机的检定 2. 能建立CNG/LPG加气站计量管理制度和档案	1. CNG/LPG加气机检定方法 2. 计量知识

续表

职业功能	工作内容	技能要求	相关知识
四、加气及计量	(二)操作计算机集中控制系统	能操作维护CNG/LPG加气站计算机集中管理系统	计算机集中控制系统知识
五、安全及管理	(一)安全管理	1. 能进行CNG/LPG加气站生产安全管理 2. 能发现CNG/LPG加气站事故隐患 3. 能完成安全阀的选型 4. 能设置安全压力值 5. 能编写CNG/LPG加气站应急预案 6. 能判断并排除静电接地线路故障	1. 压力容器使用知识 2. 安全阀的结构及原理 3. 压力容器安全阀的定压规范 4. 安全管理知识 5. 防静电知识

续表

职业功能	工作内容	技能要求	相关知识
五、安全及管理	（二）生产经营管理 1. 质量管理	能组织 CNG/LPG 加气站各岗人员开展全面质量管理	全面质量管理基本知识
	2. 信息管理	1. 能对 CNG/LPG 加气站信息进行收集、整理、汇总和分析 2. 能对 CNG/LPG 汽车档案进行分析、归类	1. 信息收集与处理知识 2. 档案建立与管理知识
六、培训	理论和技能培训	1. 能指导初、中、高级工实际操做训练 2. 能对初、中、高级工进行理论知识培训	培训教学基本方法

4. 比重表

4.1 理论知识

项目			初级(%)		中级(%)		高级(%)		技师(%)	
			CNG	LPG	CNG	LPG	CNG	LPG	CNG	LPG
基本要求		职业道德	5	5	5	5	5	5	5	5
		基础知识	15	15	15	15	15	15	15	15
相关知识	天然气预处理及净化	操作、维护天然气分离器	9	—	—	—	—	—	—	—
		压力调节阀的开停操作	5	—	—	—	—	—	—	—
		维护保养压力调节阀	—	—	10	—	—	—	—	—
		压力调节阀选型及维护	—	—	—	—	—	—	5	—
		CNG 加气站净化装置开、停车	16	—	—	—	—	—	—	—
		测定天然气中微量水	4	—	—	—	—	—	—	—
		测定天然气中 H_2S	—	—	5	—	—	—	—	—
		安装调试微量水分析仪	—	—	—	—	—	—	7	—

续表

项目			初级(%)		中级(%)		高级(%)		技师(%)	
			CNG	LPG	CNG	LPG	CNG	LPG	CNG	LPG
相关知识	天然气预处理及净化	再生固体脱硫剂	—	—	8	—	—	—	—	—
		更换固体脱硫剂	—	—	—	—	8	—	—	—
		再生分子筛脱水剂	—	—	8	—	—	—	—	—
		更换分子筛脱水剂	—	—	—	—	4	—	—	—
		排除CNG脱水装置常见故障	—	—	—	—	6	—	—	—
		工艺系统吹扫、试压、置换	—	—	—	—	—	—	5	—
	天然气压缩存储	操作运行天然气压缩机	15	12	—	—	—	—	—	—
		维护、保养天然气压缩机	—	—	10	—	12	—	5	—
		操作维护CNG储气装置	—	—	10	—	—	—	—	—
		检查、维修CNG加气站高压管阀件	—	—	—	—	10	—	—	—
		安装调试天然气压缩机	—	—	—	—	—	—	10	—

续表

项目			初级(%)		中级(%)		高级(%)		技师(%)	
			CNG	LPG	CNG	LPG	CNG	LPG	CNG	LPG
相关知识	LPG加气站工艺设备运行维护	切换工艺流程	—	10	—	—	—	—	—	—
		维护工艺管路	—	5	—	10	—	—	—	—
		接卸LPG汽车槽车	—	10	—	8	—	—	—	—
		操作LPG泵	—	10	—	—	—	—	—	8
		维护LPG泵	—	—	—	10	—	—	—	—
		检修LPG泵	—	—	—	—	—	10	—	—
		安装调试LPG泵	—	—	—	—	—	—	—	8
		使用、维护LPG储罐	—	—	—	11	—	10	—	10
		排除LPG槽车卸车系统常见故障	—	—	—	8	—	—	—	—
		制订并实施工艺系统投运方案	—	—	—	—	—	—	—	10
	加气及计量	CNG/LPG加气及计量	11	11	—	—	—	—	—	—
		操作计算机集中控制系统	5	5	—	—	—	—	—	—
		使用维护CNG/LPG加气机	—	—	10	11	—	—	—	—
		排除CNG/LPG加气机故障	—	—	—	—	5	15	—	—

续表

项目			初级(%)		中级(%)		高级(%)		技师(%)	
			CNG	LPG	CNG	LPG	CNG	LPG	CNG	LPG
相关知识	加气及计量	检定维修 CNG/LPG 加气机	—	—	—	—	—	—	8	8
		调试 CNG/LPG 汽车	—	—	—	—	11	15	—	—
	安全及管理	安全与消防	10	12	9	12	14	15	15	14
		生产经营管理	5	5	10	10	10	15	13	10
	培训	理论和技能培训	—	—	—	—	—	—	17	12
合计			100	100	100	100	100	100	100	100

4.2 技能操作

项目			初级(%)		中级(%)		高级(%)		技师(%)	
			CNG	LPG	CNG	LPG	CNG	LPG	CNG	LPG
技能要求	天然气预处理及净化	操作、维护天然气分离器	9	—	—	—	—	—	—	—
		压力调节阀开、停操作	10	—	—	—	—	—	—	—
		维护保养压力调节阀	—	—	5	—	—	—	—	—
		压力调节阀选型及维修	—	—	—	—	—	—	5	—
		CNG 加气站净化装置开、停车	16	—	—	—	—	—	—	—
		测定天然气微量水	10	—	—	—	—	—	—	—
		测定天然气中 H_2S	—	—	10	—	—	—	—	—
		安装调试微量水分析仪	—	—	—	—	—	—	10	—
		再生固体脱硫剂	—	—	15	—	—	—	—	—
		更换固体脱硫剂	—	—	—	—	10	—	—	—
		再生分子筛脱水剂	—	—	15	—	—	—	—	—
		更换分子筛脱水剂	—	—	—	—	10	—	—	—
		排除 CNG 脱水装置常见故障	—	—	—	—	10	—	—	—
		工艺系统吹扫、试压、置换	—	—	—	—	—	—	5	—

续表

项目			初级(%)		中级(%)		高级(%)		技师(%)	
			CNG	LPG	CNG	LPG	CNG	LPG	CNG	LPG
技能要求	天然气压缩存储	操作运行天然气压缩机	15	15	—	—	—	—	—	—
		维护、保养天然气压缩机	—	—	10	—	10	—	10	—
		操作维护 CNG 储气装置	—	—	10	—	—	—	—	—
		检查、维修 CNG 加气站高压管阀件	—	—	—	—	10	—	—	—
		安装调试天然气压缩机	—	—	—	—	—	—	10	—
	LPG 加气站工艺设备运行维护	切换工艺流程	—	10	—	—	—	—	—	—
		维护工艺管路	—	10	—	10	—	—	—	—
		接卸 LPG 汽车槽车	—	10	—	10	—	—	—	—
		操作 LPG 泵	—	10	—	—	—	—	—	—
		维护 LPG 泵	—	—	—	10	—	—	—	—
		检修 LPG 泵	—	—	—	—	—	5	—	—
		安装调试 LPG 泵	—	—	—	—	—	—	—	15
		使用、维护 LPG 储罐	—	—	—	15	—	20	—	—
		排除 LPG 槽车卸车系统常见故障	—	—	—	10	—	—	—	—
		制订并实施工艺系统投运方案	—	—	—	—	—	—	—	15

续表

项目			初级(%)		中级(%)		高级(%)		技师(%)	
			CNG	LPG	CNG	LPG	CNG	LPG	CNG	LPG
技能要求	加气及计量	CNG/LPG 加气及计量	15	15	—	—	—	—	—	—
		操作计算机集中控制系统	5	5	5	5	5	10	5	15
		使用维护 CNG/LPG 加气机	—	—	10	15	—	—	—	—
		排除 CNG/LPG 加气机故障	—	—	—	—	10	15	—	—
		检定 CNG/LPG 加气机	—	—	—	—	—	—	15	15
		调试 CNG/LPG 汽车	—	—	—	—	9	15	—	—
	安全及管理	安全与消防	10	15	10	15	10	15	15	15
		生产经营管理	10	10	10	10	16	20	10	10
	培训	理论和技能培训	—	—	—	—	—	—	15	15
合计			100	100	100	100	100	100	100	100

石油石化职业资格等级标准

油品储运调和操作工

中国石油天然气集团公司
中国石油化工集团公司 制定

说　明

根据《中华人民共和国劳动法》的有关规定，为了进一步完善职业标准体系，为职业教育、职业培训和职业技能鉴定提供科学、规范的依据，中国石油天然气集团公司职业技能鉴定指导中心、中国石油化工集团公司职业技能鉴定指导中心共同组织有关专家，按照《国家职业标准制定技术规程》，制定了石油石化行业《油品储运调和操作工技能等级标准》(以下简称《标准》)。

一、本《标准》以客观反映现阶段本工种的技术水平和对该工种从业人员的规范性要求为目标，在充分考虑经济发展、科技进步和产业结构变化对本工种影响的基础上，对该工种的活动范围、工作内容、技能要求和知识水平做了明确规定。

二、《标准》的制定，遵循了有关技术规程的要求，既保证了《标准》的规范性，又体现了以职业活动为导向、以职业技能为核心的特点，同时也使其具有根据科学技术发展进行调整的灵活性和实用性，符合培训、鉴定和就业工作的需要。

三、本《标准》将本工种分为四个等级，包括工种概况、基本要求、工作要求和比重表四个方面的内容。

四、本《标准》是在各有关专家和鉴定工作者的共同

努力下完成的。参加编写工作的主要人员有山西省石油张耀鸿、赵翠珍、卢焕芳、蒋富斌、刘贤，长城润滑油杨榕，浙江石油陈红；参加审定工作的主要人员有技术总监赵志海，江苏石油闫成新，山西石油樊红五、朱建义。

五、本《标准》经中国石油天然气集团公司人事部、中国石油化工集团公司人事劳资部批准，自2008年5月1日起施行。

油品储运调和操作工

1. 工 种 概 况

1.1 工种名称

油品储运调和操作工。

1.2 工种定义

按工艺操作规程的要求，利用储罐和机泵等设备进行原料、半成品和成品油的收发、储存、输运、调和的人员。

1.3 工种等级

本工种共设四个等级，分别为初级（国家职业资格五级）、中级（国家职业资格四级）、高级（国家职业资格三级）、技师（国家职业资格二级）。

1.4 工种环境

室内外及高处作业且大部分时间在常温下工作，工作场所中会存在一定的油品蒸气、化学试剂、烟尘、有害气体和噪声。

1.5 工种能力特征

身体健康，具有一定的学习理解和表达能力，四肢灵活，动作协调，听、嗅觉较灵敏，视力良好，具有分辨颜色的能力。

1.6 基本文化程度

高中毕业(或同等学历)。

1.7 培训要求

1.7.1 培训期限

全日制职业学校教育，根据其培养目标和教学计划确定期限。晋级培训：初级不少于300标准学时；中级不少于360标准学时；高级不少于240标准学时；技师不少于240标准学时。

1.7.2 培训教师

培训初、中级的教师应具有本工种高级以上职业资格证书或本专业中级以上专业技术职务任职资格；培训高级的教师应具有本工种技师以上职业资格证书或本专业中级以上专业技术职务任职资格；培训技师的教师应具有本工种高级技师职业资格证书或本专业高级专业技术职务任职资格。

1.7.3 培训场地设备

理论培训应有可容纳30名以上学员的教室。技能操作培训应有相应的设备、安全设施完善的场地。

1.8 鉴定要求

1.8.1 适用对象

从事或准备从事本职业的人员。

1.8.2 申报条件

分别按中国石油天然气集团公司和中国石油化工集团公司职业技能鉴定申报政策有关规定执行。

1.8.3 鉴定方式

本工种含罐区管理、铁路装卸、公路装卸、水路装卸、润滑油调和五个模块(前四个模块合称油品储运)，根据申报人实际情况选择其中一至五个模块进行鉴定。鉴定分为理论知识考试和技能操作考核两部分。理论知识考试采用闭卷笔试方式，技能操作考核可采用现场实际操作、模拟操作或闭卷笔试等方式。

理论知识考试和技能操作考核均实行百分制，成绩皆达60分以上(含60分)者为合格。技师须进行综合评审。

2. 基本要求

2.1 职业道德

2.1.1 职业道德基本知识

2.1.2 职业守则

（1）遵规守纪，按章操作。

（2）爱岗敬业，忠于职守。

（3）认真负责，确保安全。

（4）刻苦学习，不断进取。

（5）团结协作，尊师爱徒。

（6）谦虚谨慎，文明生产。

（7）勤奋踏实，诚实守信。

（8）厉行节约，降本增效。

2.2 基础知识

2.2.1 石油及油品基础知识

（1）石油的一般性质。

（2）石油的化学组成。

（3）石油及产品的分类。

（4）石油产品的质量指标。

2.2.2 流体力学基础知识

（1）流体的物理性质及基本概念。

（2）流体静力学基本概念。

（3）流体动力学基本概念。

（4）流体的流动形态及流动阻力。

2.2.3 计量基础知识

（1）计量与计量单位。

（2）法定计量单位。

（3）计量国际单位制。

（4）常用流量计知识。

2.2.4 储运机械与设备基础知识

（1）油品储存、输送常用设备的作用、原理。

（2）常用阀门、法兰、管道、垫片及密封填料的种类、规格和适用范围。

（3）仪表基础知识。

2.2.5 识图基础知识

（1）投影的基本原理。

（2）三视图。

（3）机械制图基础知识。

（4）工艺流程图识读、绘制基础知识。

2.2.6 电工基础知识

（1）电工基本概念。

（2）直流电与交流电。

（3）简单电路知识。

（4）安全用电常识。

2.2.8 安全及环保基础知识

（1）消防知识。

（2）安全生产、工业卫生及环保的法律、法规。

（3）安全技术规程。

（4）环保基础知识。

（5）HSE 管理体系基础知识。

2.2.9 质量基础知识

（1）质量分析项目、控制指标的意义。

（2）质量分析方法。

（3）质量管理体系基础知识。

2.2.10 计算机基础知识

（1）计算机常规操作知识。

（2）计算机操作系统基础知识。

（3）文字处理系统基础知识。

（4）数据库管理系统基础知识。

2.2.11 相关法律、法规知识

（1）《劳动法》的相关知识。

（2）《合同法》的相关知识。

（3）有关法律、法规知识。

2.2.12 记录填写知识

（1）运行记录。

（2）交接班记录。

（3）设备维护保养记录。

（4）其他相关记录。

3. 工作要求

本标准对初级、中级、高级、技师的技能要求依次递进，高级别涵盖低级别的要求。

3.1 初级

职业功能	工作内容		技能要求	相关知识
一、工艺操作	工艺操作	罐区管理	1. 能按指令完成油罐的进油操作 2. 能按指令完成油罐的发油操作 3. 能完成油罐的调和操作 4. 能按指令完成油品的倒罐、管输操作 5. 能按指令完成油罐的切换操作 6. 能完成油罐的人工脱水操作 7. 能完成油罐人工检尺、测温、采样操作	1. 收发油流程 2. 岗位操作规程 3. 岗位工艺指标 4. 油罐的最大进油量及安全高度的有关规定 5. 油罐内存油量对调和作业的影响 6. 油罐的罐底量和最大发油量的有关规定 7. 调和的方法

续表

职业功能	工作内容		技能要求	相关知识
一、工艺操作	工艺操作	罐区管理	8. 能使用试油膏、试水膏 9. 能完成油品加温、伴热及管线消压的操作 10. 能对消防泵进行日常的试泵及建立循环操作 11. 能按规定巡检	8. 油罐计量操作规程 9. 试油膏、试水膏的使用原理及方法 10. 消防泵站岗位操作规程 11. 巡检规定 12. 热传递的方式及特点 13. 管线保温的结构要求 14. 油罐加热的规定
		铁路装卸	1. 能引导槽车到指定货位(鹤位) 2. 能核对车号、油品品种、牌号、鹤位及质量检验合格证 3. 能检查槽车是否符合装车条件 4. 能完成装卸油作业 5. 能完成槽车清舱作业 6. 能完成槽车人工检尺、测温、采样的操作	1. 铁路槽车类型划分及识别 2. 各类型槽车技术参数 3. 槽车装卸作业操作规程 4. 扫舱操作规程 5. 槽车清罐作业相关管理规定 6. 槽车计量操作规程 7. 铁路装卸油流程

续表

职业功能	工作内容	技能要求		相关知识
一、工艺操作	工艺操作	公路装卸	1. 能核对提货单油品品种、牌号、数量、鹤位 2. 能对罐车进行安全检查 3. 能进行罐车的灌装作业 4. 能进行罐车的卸车作业 5. 能完成罐车人工检尺、测温、采样的操作	1. 罐车种类及结构 2. 罐车装卸操作规程 3. 汽车罐车计量操作规程 4. 公路收发油流程
		水路装卸	1. 能对油码头、油船、油驳和操作工具进行安全检查 2. 能进行油船的装卸作业 3. 能完成油船的扫舱作业并将剩余油品扫回油罐或油船 4. 能使油船、油驳靠岸、安全停泊	1. 油码头、油船、油驳安全管理规定 2. 油船装卸操作规程 3. 油船扫舱及操作规程

续表

职业功能	工作内容	技能要求		相关知识
一、工艺操作	工艺操作	润滑油调和	1. 能按指令改通收付油流程 2. 能完成油罐的管输操作 3. 能完成基础油、添加剂进料操作 4. 能完成油罐加温操作、调和油罐搅拌操作及管线消压操作 5. 能控制调和温度、搅拌时间、油品储存温度 6. 能完成人工检尺、配合采样工作 7. 能规范填写相关记录 8. 能够完成管线的清扫操作 9. 能按规定完成巡检操作 10. 能完成母液罐配比操作	1. 本岗位工艺技术规程和安全技术规程 2. 本岗位操作规程 3. 润滑油调和的方法 4. 原料、成品油名称的含义 5. 油罐加热的规定 6. 油罐操作的相关规定 7. 管线清扫相关规定 8. 油罐标准测量操作方法 9. 巡检规定 10. 矿物型润滑油基础油的性质 11. 矿物型润滑油添加剂的性质 12. 润滑油的性质

续表

职业功能	工作内容		技能要求	相关知识
二、设备使用与维护	(一)使用设备	油品储运	1. 能开、停、切换离心泵和潜油泵 2. 能操作手动、电动、气动、电液阀门 3. 能看懂设备铭牌 4. 能读取各类仪表的数据 5. 能使用各类可燃气体报警仪 6. 能使用量油尺、温度计、密度计、量筒等计量器具进行计量操作 7. 能使用各类液位报警器 8. 能接装及卸下装卸油鹤管(胶管)并紧固连接部位 9. 能连接防溢油及静电导除装置 10. 能接装输油短管(胶管) 11. 能操作手摇式容积泵 12. 能开、停、切换扫舱泵 13. 能操作油罐、管线、装置的加热设备	1. 泵的型号、结构、用途及工作原理 2. 阀门的型号规格 3. 电动机、压缩机的型号、规格 4. 液位报警仪工作原理及用途 5. 计量器具规格、用途 6. 常用装卸鹤(胶)管使用方法 7. 静电产生原理、危害及消除的方法 8. 手摇式容积泵的操作规程 9. 流量计的工作原理及用途 10. 可燃气体报警仪的工作原理及用途

续表

职业功能	工作内容		技能要求	相关知识
二、设备使用与维护	(一)使用设备	润滑油调和	1. 能操作岗位涉及的各种不同型号的机泵(离心泵、齿轮泵、螺杆泵、蒸汽往复泵) 2. 能使用电动、气动阀门 3. 能看懂设备铭牌 4. 能使用各类液位计、流量计 5. 能使用量油尺、温度计等计量器具 6. 能使用各类仪表及液位报警器 7. 能接装及卸下装卸油鹤管(胶管),紧固连接部位 8. 能使用基本工具 9. 能操作油罐、管线、装置的加热设备 10. 能指出仪表、阀门、设备等的安装位置 11. 能使用过滤设备、清理过滤器 12. 能完成机泵、管线等的防冻、防凝操作 13. 能使用搅拌器	1. 泵(离心泵、齿轮泵、螺杆泵、蒸汽往复泵、搅拌器、碎胶机)的型号、用途及操作方法 2. 阀门的型号规格 3. 基本设备操作规程 4. 液位报警仪的工作原理及用途 5. 计量器具的规格、用途 6. 常用装卸鹤(胶)管使用方法 7. 过滤器使用及清理方法 8. 机泵、管线的防冻、防凝要求 9. 热传递的方式及特点 10. 管线保温的结构要求

续表

<table>
<tr><th>职业功能</th><th>工作内容</th><th colspan="2">技能要求</th><th>相关知识</th></tr>
<tr><td rowspan="2">二、设备使用与维护</td><td rowspan="2">（二）维护设备</td><td>油品储运</td><td>1. 能完成机、泵的盘车
2. 能添加和更换阀门、机、泵的润滑油、润滑脂
3. 能完成紧固法兰、更换阀门密封填料等简单设备维修工作
4. 能更换压力表、真空表、温度计</td><td>1. 机泵盘车及润滑规定
2. 设备常用润滑油（脂）的规格、品种及使用规定
3. 岗位的设备完好标准
4. 常用维修工具型号、规格
5. 机械密封的形式与要求</td></tr>
<tr><td>润滑油调和</td><td>1. 能完成机、泵的盘车
2. 能添加和更换阀门、机、泵的润滑油、润滑脂
3. 能更换压力表
4. 能完成紧固、更换阀门密封填料等简单设备维修工作
5. 能维护温度计量设施</td><td>1. 机泵盘车及润滑规定
2. 设备常用润滑油（脂）的规格、品种及使用规定
3. 岗位的设备完好标准
4. 常用维修工具型号、规格
5. 密封的形式和要求</td></tr>
</table>

续表

<table>
<tr><th>职业功能</th><th>工作内容</th><th colspan="2">技能要求</th><th>相关知识</th></tr>
<tr><td rowspan="2">三、事故判断与处理</td><td rowspan="2">（一）判断事故</td><td>油品储运</td><td>1. 能判断简单仪表故障
2. 能判断机泵常见故障
3. 能判断油罐、管线、机泵、法兰、阀门的一般泄漏事故
4. 能判断钢带表失灵等异常状态
5. 能知道本岗位的危险有害因素
6. 能根据操作过程中常见异常现象，判断故障位置并汇报处理</td><td>1. 仪表工作原理
2. 机泵运行参数
3. 钢带表工作原理
4. 岗位风险分析方法
5. 跑、冒、滴、漏的原因
6. 操作过程中常见故障的判断和汇报途径</td></tr>
<tr><td>润滑油调和</td><td>1. 能判断简单仪表故障
2. 能判断机泵常见故障
3. 能判断简单的油罐、管线、机泵、法兰、阀门的一般泄漏事故</td><td>1. 仪表工作原理
2. 机泵运行参数
3. 钢带表工作原理</td></tr>
</table>

续表

职业功能	工作内容		技能要求	相关知识
三、事故判断与处理	(一)判断事故	润滑油调和	4. 能根据操作过程中常见异常现象，判断故障位置并汇报处理 5. 能发现本岗位的危险有害因素	4. 操作过程中常见故障的判断方法和汇报途径
	(二)处理事故	油品储运	1. 能使用消防器材扑灭初起火灾 2. 能使用气防器材进行自救和急救 3. 能处理一般跑、冒、滴、漏事故 4. 能在发生事故时进行紧急停车	1. 消防器材型号、工作原理及用途 2. 设备密封方法 3. 气防基本规定、报警程序 4. 现场急救常识 5. 跑、冒、滴、漏的处理方法 6. 紧急停车的方法
		润滑油调和	1. 能使用消防器材扑灭初起火灾 2. 能使用气防器材进行自救和急救 3. 能处理一般跑、冒、滴、漏事故的初起情况 4. 能处理泵运转时出现的故障 5. 能根据事故状态按指令完成紧急停车	1. 消防器材型号、工作原理及用途 2. 设备密封基本要求 3. 气防基本规定、报警程序 4. 现场急救常识 5. 紧急停车的方法 6. 泵运转时出现故障的处理方法 7. 跑、冒、滴、漏的处理方法

续表

<table>
<tr><th>职业功能</th><th>工作内容</th><th colspan="2">技能要求</th><th>相关知识</th></tr>
<tr><td rowspan="3">四、绘图与计算</td><td rowspan="2">(一)绘图</td><td>油品储运</td><td>1. 能看懂罐区、泵房工艺流程图及平面布置图
2. 能绘出罐区收付油原则流程图</td><td>工艺流程图的基本标识、符号和基本画法</td></tr>
<tr><td>润滑油调和</td><td>能看懂罐区、泵房工艺流程图及平面布置图</td><td>工艺流程图的基本标识符号和基本画法</td></tr>
<tr><td>(二)计算</td><td colspan="2">1. 能使用容积表计算储罐的储量
2. 能计算油品交库量
3. 能使用槽车容积表计算槽车的容积，并能计算槽车油品充装量</td><td>1. 容积表查表方法
2. 油品交库量计算方法
3. 槽车容积、槽车油品充装量计算方法</td></tr>
</table>

3.2 中级

职业功能	工作内容		技能要求	相关知识
一、工艺操作	工艺操作	罐区管理	1. 能引水、电、汽进装置 2. 能根据油品的分析结果和质量指标确定加剂量，能完成油品加添加剂操作 3. 能估算油罐在进油时达到安全高度的时间及送油时达到罐底量的时间 4. 能根据油品的脱水效果调节自动脱水器 5. 能根据工艺要求对管线内的存油进行处理 6. 能启动消防泵打泡沫进罐，并能根据油罐容积调节泡沫比例调节器 7. 能配制添加剂母液 8. 能完成管输运行安全控制	1. 公共工程投用的注意事项 2. 油品加添加剂的系统流程 3. 油品的质量指标 4. 自动脱水器的结构及工作原理 5. 管线存油处理的原则及方法 6. 罐区内固定消防泡沫的系统流程 7. 油品输转速度及安全高度 8. 管输安全运行操作的控制原则 9. SCADA 系统基本概念

续表

职业功能	工作内容	技能要求		相关知识
一、工艺操作	工艺操作	铁路装卸	1. 能根据工艺要求使用蒸汽加热槽车内的油品 2. 能控制装卸作业时的油品安全流速，并能估算装卸时间 3. 能判断轻油槽车的扫舱时机	1. 油品的加热方法 2. 扫舱的操作方法 3. 铁路收发油工艺
		公路装卸	1. 能估算高位罐的进油量和油品装满罐车的时间 2. 能控制灌装流速 3. 能监测作业场所的油气浓度	1. 灌装的流速标准 2. 油气的爆炸极限及油气的监测手段 3. 公路收发油工艺
		水路装卸	1. 能估算装卸油时间 2. 能计量发油数量并加铅封 3. 能确认油船停留条件和装船条件	1. 计量方法(公式) 2. 水运装油设施的类别及要求 3. 码头危险点监控的要点 4. 油码头装船规定

续表

职业功能	工作内容		技能要求	相关知识
一、工艺操作	工艺操作	润滑油调和	1. 能引水汽风进装置，包括日常风罐切水、风干燥等工作 2. 能完成油品加添加剂操作 3. 能根据工艺卡确定加剂量、基础油配比 4. 能估算油罐在进油时达到安全高度的时间及送油时达到罐底量的时间 5. 能根据工艺要求处理管线内的存油 6. 能配制添加剂母液 7. 能完成油品的脱水操作 8. 能根据指令切换调和流程 9. 能利用工艺管线完成倒油、洗罐等任务 10. 能完成清罐作业并检查清罐操作 11. 能参与本岗位各设备，管道的试压，清洗，吹(除)扫等工作	1. 公共工程投用的注意事项 2. 油品加添加剂的系统流程 3. 润滑油原料、成品油的基本质量性质、指标 4. 管线存油处理的原则及方法 5. 润滑油调和常用脱水方法及原理 6. 本岗位工艺技术规程和安全技术规程 7. 油罐清罐的相关规定 8. 切换调和流程的要求 9. 作业前准备的要求

续表

职业功能	工作内容		技能要求	相关知识
二、设备使用与维护	(一)使用设备	油品储运	1. 能根据不同生产要求选择适用的泵 2. 能根据流量计送检情况判断流量计的使用状态 3. 能判断计量器具的有效性 4. 能更换过滤机/器的滤网或滤芯	1. 计量器具周检及使用规定 2. 对外油品计量交接协议 3. 泵类别的选择依据 4. 更换过滤机/器的滤网或滤芯的方法
		润滑油调和	1. 能根据流量计送油状况判断流量计的使用情况 2. 能判断计量器具的有效性 3. 能使用常用工具 4. 能更换过滤机/器的滤网或滤芯 5. 能使用离心泵、齿轮泵、螺杆泵、蒸汽往复泵、搅拌器、碎胶机、胶体磨、静态混合器、台秤	1. 计量器具周检及使用规定 2. 更换过滤机/器的滤网或滤芯的方法 3. 本岗位设备的操作规程 4. 泵(离心泵、齿轮泵、螺杆泵、蒸汽往复泵、搅拌器、碎胶机、胶体磨、静态混合器、台秤)等设备的结构

续表

<table>
<tr><th>职业功能</th><th>工作内容</th><th colspan="2">技能要求</th><th>相关知识</th></tr>
<tr><td rowspan="2">二、设备使用与维护</td><td rowspan="2">（二）维护设备</td><td>油品储运</td><td>1. 能完成一般设备的堵漏、拆装盲板等操作
2. 能完成油罐的安全附件检查
3. 能配合相关工种做好检修工作
4. 能进行管输系统泵及管道的维护保养</td><td>1. 机泵的维修方法
2. 盲板的拆装要点
3. 油罐安全附件种类及结构
4. 临时用电、动火规定及防火要求
5. 设备检修规程
6. 输油管道检查维护的要点</td></tr>
<tr><td>润滑油调和</td><td>1. 能完成一般设备的拆装盲板等操作
2. 能完成油罐的安全附件检查
3. 能配合相关工种做好检修工作
4. 能维护离心泵、齿轮泵、螺杆泵、蒸汽往复泵、搅拌器、碎胶机、胶体磨、静态混合器、台秤
5. 能进行管道的维护保养</td><td>1. 泵（离心泵、齿轮泵、螺杆泵、蒸汽往复泵、搅拌器、碎胶机、胶体磨、静态混合器、台秤）等设备的作用和部分操作要点、检修周期
2. 油罐安全附件种类及结构
3. 动火要求及看火规定
4. 输油管道检查维护的要点</td></tr>
</table>

续表

职业功能	工作内容		技能要求	相关知识
三、事故判断与处理	(一)判断事故	油品储运	1. 能判断作业现场常见事故 2. 能判断一般串油、跑油事故 3. 能判断作业现场起火事故 4. 能进行危害识别	1. 油品装卸的相关规定 2. 故障判断的相关规定 3. 引起火灾的原因 4. HSE 危害识别的方法
		润滑油调和	1. 能判断作业现场常见故障 2. 能判断一般串油、跑油事故 3. 能判断作业现场起火事故	1. 故障判断的相关规定 2. 一般事故判断的相关规定 3. 引起火灾的原因
	(二)处理事故	油品储运	1. 能处理作业现场着火事故 2. 能处理一般串油、跑油事故 3. 能处理因突然停电、停水、停气等故障给生产带来的影响	1. 灭火的基本常识 2. 一般事故的处理方法 3. 故障处理的相关规定

续表

职业功能	工作内容	技能要求		相关知识
三、事故判断与处理	(二)处理事故	润滑油调和	1. 能处理作业现场着火事故 2. 能处理因突然停电，停水，停气等故障给生产带来的影响 3. 能处理调和过程中的一般事故	1. 灭火的基本常识 2. 调和过程一般事故的处理方法 3. 故障处理的相关规定
四、绘图与计算	(一)绘图	油品储运	能绘制油品输送系统和装卸系统管线图	工艺配管图绘制方法
四、绘图与计算	(一)绘图	润滑油调和	能绘制简易工艺流程图	工艺流程图绘制方法
四、绘图与计算	(二)计算		1. 能具备查错复核能力 2. 能计算当天同一个油罐的付出量及库存量 3. 能统计同种油品收、发、存的数量 4. 能建立管辖范围内所有油品在当天内的库存台账 5. 能应用计算机计算油品库存	1. 油品库存的计算方法 2. 应用计算机计算油品库存的方法

3.3　高级

职业功能	工作内容	技能要求		相关知识
一、工艺操作	工艺操作	罐区管理	1. 能采取措施降低油罐内油品的蒸发损耗 2. 能落实油罐、管线清洗方案 3. 能根据全年统计数据对整个罐区内的油品周转能力作出分析 4. 能组织实施新油罐、新机泵、新管线投用前的试压方案。 5. 能对油罐、机泵大修及新罐、新机泵施工过程进行监督 6. 能分析油品盈亏的确切原因 7. 分析影响产品质量的因素，并能采取相应的防范措施和处理措施 8. 能完成输油管路混油的切割	1. 油品损耗的原因及降低油品蒸发损耗的常用方法 2. 油罐、管线清洗规定 3. 油罐试压方案 4. 油库管理基本要求 5. 油罐安全使用规定 6. 减少混油的措施 7. SCADA 系统的基本组成

续表

职业功能	工作内容		技能要求	相关知识
一、工艺操作	工艺操作	铁路装卸 公路装卸 水路装卸	1. 能采取措施有效降低作业现场周围的油气浓度 2. 能根据流量、压力、管线振动和噪音判断气阻现象的发生并采取措施来克服 3. 能处理管道水击现象	1. 减少油品蒸发的措施 2. 气阻现象的产生、危害及克服措施 3. 水击产生的原因、消除和控制方法 4. 汽车发油台下装式系统的构成和工作原理
		润滑油调和	1. 能操作油品自动调和系统 2. 能根据工艺要求输入工艺参数 3. 能落实油罐、管线吹扫方案，利用相应设备进行管线扫线操作 4. 能实施新油罐、新机泵、新管线投用前的试压方案	1. 油品损耗的原因及降低油品蒸发损耗的常用方法 2. 各类油品添加剂的性质、用途及使用方法 3. 油品自动调和系统操作方法 4. 新油罐、管线吹扫规定

续表

职业功能	工作内容		技能要求	相关知识
一、工艺操作	工艺操作	润滑油调和	5. 能对油罐、新机泵大修及新罐、新机泵施工过程进行监督 6. 能分析影响产品质量的因素，采取相应的防范措施和处理措施 7. 能对本岗位的生产与管理提出合理化建议，参加整改工作 8. 能协调各岗位的操作 9. 能分析和调整一般理化项目出现的异常情况 10. 能对过程控制点进行控制 11. 能掌握本装置各岗位工艺技术规程，安全技术规程 12. 能控制脉冲调和系统	5. 油罐试压方案 6. 油库管理基本要求 7. 本装置各岗位工艺技术规程，安全技术规程 8. 润滑油原料、成品油的相关理化性能及标准 9. 混合机理 10. 与本岗位有关的分析项目及产品的质量标准及基本调整方法 11. 脉冲调和系统的原理、控制方法

续表

职业功能	工作内容		技能要求	相关知识
二、设备使用与维护	(一)使用设备	油品储运	1. 能验收检修后的设备 2. 能操作自动化装置 3. 能使用专用工具	1. 设备验收规程 2. 自动化装置的操作要点 3. 专用工具的使用方法
		润滑油调和	1. 能验收检修后的设备 2. 能控制自动调和系统相关设备、仪表 3. 能判别选用过滤机/器的滤网和滤芯 4. 能使用专用工具	1. 设备验收要点 2. 自动调和系统相关设备、仪表的操纵原理 3. 油品过滤的原理及滤机的结构、用途、操作方法 4. 专用工具的使用方法 5. 离心泵、齿轮泵、螺杆泵、蒸汽往复泵、搅拌器、碎胶机、胶体磨、静态混合器、台秤的工作原理

续表

职业功能	工作内容		技能要求	相关知识
二、设备使用与维护	(二)维护设备	油品储运	1. 能做好一般设备、管线交付检修前的安全确认工作 2. 能参与重点部位的腐蚀监测 3. 能组织实施设备的检查	1. 设备检修规程 2. 设备监测的基础知识 3. 防腐技术 4. 设备完好标准 5. 阴极保护系统的管理维护
		润滑油调和	1. 能做好一般设备、管线交付检修前的安全确认工作 2. 能参与重点部位的腐蚀监测 3. 能组织实施各类安全附件全面的检查 4. 能对常用工具保养维护 5. 能维护自动调和控制、球扫线系统 6. 能进行离心泵、齿轮泵、螺杆泵、蒸汽往复泵、搅拌器、碎胶机、胶体磨、静态混合器、台秤的维护保养	1. 设备检修条件 2. 设备监测的基本要求 3. 装置各岗位各设备的维护保养制度 4. 自动调和系统维护的相关知识和要求 5. 离心泵、齿轮泵、螺杆泵、蒸汽往复泵、搅拌器、碎胶机、胶体磨、静态混合器、台秤的维护要点 6. 阴极保护系统的管理维护

续表

职业功能	工作内容		技能要求	相关知识
三、事故判断与处理	（一）判断事故	油品储运	1. 能判断油品管道自动调和系统、自动装油机运行时的常见故障 2. 能分析油品质量事故的原因 3. 能判断油品自动发油系统常见故障 4. 能判断卸油系统常见故障 5. 能预防施工现场事故	1. 油品自动调和系统和自动装油机的工作原理 2. 影响油品质量的因素 3. 自动发油系统的工作原理 4. 潜油泵卸油工艺的常见故障现象及产生原因
		润滑油调和	1. 能判断油品自动调和系统、球扫线系统运行时的常见故障和设备故障 2. 能判断产品质量事故的原因 3. 能预防施工现场事故	1. 油品自动调和系统的工作原理 2. 影响油品质量的因素 3. 施工现场的事故预案

续表

<table>
<tr><th>职业功能</th><th>工作内容</th><th colspan="2">技能要求</th><th>相关知识</th></tr>
<tr><td rowspan="2">三、事故判断与处理</td><td rowspan="2">（二）处理事故</td><td>油品储运</td><td>1. 能处理油罐抽瘪、胀裂、冒罐、火灾、爆炸等突发事故
2. 能处理产品质量事故
3. 能组织应急预案的演练
4. 能处理自动发油系统常见故障</td><td>1. 突发事故处理预案
2. 自动发油系统常见故障处理方法
3. 卸油系统常见故障处理方法</td></tr>
<tr><td>润滑油调和</td><td>1. 能对油罐抽瘪、胀裂、冒罐、火灾、爆炸等重大事故采取应急措施
2. 能处理产品质量事故
3. 能协助组织演练装置内各类事故的处理预案
4. 能处理系统常见故障和设备故障</td><td>1. 重大事故处理预案
2. 系统常见故障的处理方法
3. 产品质量事故的处理方法重大事故处理预案</td></tr>
</table>

续表

职业功能	工作内容		技能要求	相关知识
四、绘图与计算	(一)绘图	油品储运	1. 能识读油罐、管线单体图、配管图 2. 能识读仪表联锁图 3. 能识读一般零件图	1. 土建和施工图的识读方法 2. 仪表联锁图的识读方法 3. 零件图基础识读方法
		润滑油调和	1. 能识读油罐、管线单体图、配管图 2. 能识读仪表联锁图 3. 能识读一般零件图	1. 土建和施工图的识读方法 2. 仪表联锁图的识读方法 3. 零件图基础识读方法
	(二)计算	油品储运	1. 能查出疑点数值产生的原因，具备综合查错复核能力 2. 能进行油品定额损耗考核 3. 能做月(季)结，对单据进行汇总并分类 4. 能进行泵主要性能参数的计算 5. 能进行罐、管架参数的计算	1. 定额损耗规定 2. 商品保管账的统计方法 3. 泵性能参数计算方法 4. 罐、管架参数的计算方法

续表

职业功能	工作内容		技能要求	相关知识
四、绘图与计算	（二）计算	润滑油调和	1. 能进行泵主要性能参数的计算 2. 能进行罐、管架参数的计算 3. 能进行油品调和加剂量的计算	1. 泵参数计算方法 2. 罐、管架的计算方法 3. 油品调和加剂量的计算方法
五、培训与指导	培训与指导		1. 能指导初、中级操作人员进行操作 2. 能协助培训初、中级操作人员	培训基本知识

3.4 技师

<table>
<tr><th>职业功能</th><th>工作内容</th><th colspan="2">技能要求</th><th>相关知识</th></tr>
<tr><td rowspan="4">一、工艺操作</td><td rowspan="4">工艺操作</td><td>罐区管理</td><td>1. 能制定和组织实施新油罐、新机泵的投用方案
2. 能组织实施油库技改方案
3. 能组织实施油罐的检测
4. 能安装调试自动监控系统
5. 能调试污水处理系统
6. 能进行混油的回掺
7. 能进行输油压力管道的检验</td><td>1.《石油库设计规范》
2. 油库管理规定和禁令
3. 设备完好的标准
4. 油罐测量与监控
5. 油气浓度监控、工业电视监控系统、油罐液位自动测量系统的原理、结构、参数
6. 污水处理系统的工作原理
7. 混油回掺的原则
8. 压力管道的检验方法
9. 分输下载的原则</td></tr>
<tr><td>铁路装卸</td><td rowspan="3">1. 能调试自动收发油系统
2. 能调试油气回收系统</td><td rowspan="3">1. 自动收发油系统的自控原理、主要技术参数
2. 油气回收系统的工作原理、结构及工艺流程</td></tr>
<tr><td>公路装卸</td></tr>
<tr><td>水路装卸</td></tr>
</table>

续表

职业功能	工作内容		技能要求	相关知识
一、工艺操作	工艺操作	润滑油调和	1. 能运用基本技能和专门技能完成较为复杂的、非常规性的操作 2. 能根据分析项目及产品的质量标准确定调整方案并组织实施 3. 能手动进行自动调和系统及球扫线系统的操作，完成特殊调和操作 4. 能制定和组织实施新油罐、新机泵的投用方案 5. 能分析油品盈亏的原因	1. 润滑油基础油的加工工艺 2. 润滑油基础油的结构组成 3. 润滑油产品的性能标准 4. 润滑油添加剂的作用机理和应用 5. 自动调和装置手动调和方法及相关控制点 6. 调和系统的吹扫方案 7. 油罐、管线操作的影响因素
二、设备使用与维护	(一)使用设备	油品储运	1. 能应用新工艺、新设备 2. 能使用特殊工具	1. 新工艺的原理、结构 2. 新设备的原理、结构 3. 特殊工具的使用方法 4. SCADA 的控制级别

续表

职业功能	工作内容		技能要求	相关知识
二、设备使用与维护	（一）使用设备	润滑油调和	1. 能组织进行调和系统各设备，管道的试压，清洗，吹（除）扫等工作 2. 能掌握调和系统设备性能，进行非常规操作 3. 能掌握新设备，并指导他人操作 4. 能使用特殊工具	1. 自动调和装置及设备参数的概念和调节的方法 2. 特殊工具的使用方法 3. 球扫线注意事项 4. 自控系统的基本概念
	（二）维护设备	油品储运	1. 能组织施实储运设备设施维护方案 2. 能提出预防措施，避免系统故障的发生	1. 关键部位、设备的维护方法 2. 压力管道的检修要求
		润滑油调和	1. 能制定调和系统的维护计划 2. 能组织实施调和系统的维护计划 3. 能提出预防措施，避免系统故障的发生	1. 调和系统维护体系 2. 关键部位、设备的维护方法

续表

职业功能	工作内容		技能要求	相关知识
三、事故判断与处理	(一)判断事故	油品储运	1. 能进行事故分析、事故调查 2. 能判断设备、工艺复杂故障并处理	1. 事故案例分析 2. 事故分析方法
		润滑油调和	1. 能组织对自动调和系统常见故障的判断、分析、调查 2. 能参加自动调和系统疑难故障的分析、判断 3. 能进行质量问题分析	1. 自动调和系统运行中发生问题原因的分析方法 2. 事故案例的分析方法 3. 事故预案编制的方法 4. 装置操作预案编制的方法
	(二)处理事故	油品储运	1. 能对发生的设备、工艺复杂事故进行处理 2. 能编写并组织实施应急预案	1. 事故处理方法 2. 油品质量管理 3. 事故应急预案编写的方法
		润滑油调和	1. 能组织对调和系统常见故障的排除 2. 能参加调和系统疑难故障的排除 3. 能制定调和系统不安全隐患检查及整改措施	1. 自动调和系统运行中问题的处理方法 2. 质量问题的处理方法 3. 事故处理预案编制的方法 4. 装置运行时发生事故的处理方法

续表

职业功能	工作内容	技能要求		相关知识
四、绘图与计算	(一)绘图	油品储运	1. 能绘制油罐、管线的单体图、配管图 2. 能绘制技改简图	1. 绘制设备布置图的方法 2. 绘制管线布置图的方法
		润滑油调和	1. 能识读工艺改造时的有关图纸 2. 能绘制装置技改的有关简图	工艺识图知识
	(二)计算	油品储运	1. 能进行管道工艺系统的水力学、传热学计算 2. 能进行消防系统的计算	1. 水力学计算方法 2. 热量传递原理及计算 3.《泡沫灭火系统设计规范》
		润滑油调和	1. 能计算工艺配方 2. 能计算工艺技术参数 3. 能计算设备参数	1. 工艺配方计算方法 2. 技术参数计算方法 3. 传热、传质的简单计算方法

续表

职业功能	工作内容	技能要求	相关知识
五、管理	(一)质量管理	1. 能组织 QC 小组开展质量攻关活动 2. 能按质量管理体系要求指导生产	1. 全面质量管理方法 2. 质量管理体系运行要求
	(二)生产管理	1. 能组织、指导班组进行经济核算和经济活动分析 2. 能应用统计技术对生产工况进行分析 3. 能参与装置的标定工作	1. 工艺技术管理规定 2. 统计基础知识
	(三)编写技术文件	1. 能撰写生产技术总结 2. 能参与编写装置开、停车方案	1. 技术总结撰写方法 2. 装置开、停车方案编写方法
	(四)技术改进	能参与技措、技改项目的实施	国内同类装置常用技术应用信息
六、培训与指导	培训与指导	1. 能培训初、中、高级操作人员 2. 能传授特有的操作经验和技能	培训教案编写方法

4. 比重表

4.1 理论知识

项目			初级（%）	中级（%）	高级（%）	技师（%）
基本要求		职业道德	3	3	3	—
		基础知识	30	23	13	5
相关知识	工艺操作	罐区管理	24	24	23	19
		铁路装卸				
		公路装卸				
		水路装卸				
		润滑油调和				
	设备使用与维护	使用设备	12	12	12	9
		维护设备	7	6	6	5
	事故判断与处理	判断事故	6	8	12	13
		处理事故	9	12	16	15
	绘图与计算	绘　图	3	3	5	5
		计　算	6	9	8	8
	管　理	质量管理	—	—	—	3
		生产管理	—	—	—	2
		编写技术文件	—	—	—	8
		技术改进	—	—	—	3

续表

项目			初级(%)	中级(%)	高级(%)	技师(%)
相关知识	培训与指导	培训与指导	—	—	2	5
合计			100	100	100	100

4.2 技能操作

<table>
<tr><th colspan="3">项目</th><th>初级(%)</th><th>中级(%)</th><th>高级(%)</th><th>技师(%)</th></tr>
<tr><td rowspan="13">技能要求</td><td rowspan="5">工艺操作</td><td>罐区管理</td><td rowspan="5">52</td><td rowspan="5">46</td><td rowspan="5">46</td><td rowspan="5">26</td></tr>
<tr><td>铁路装卸</td></tr>
<tr><td>公路装卸</td></tr>
<tr><td>水路装卸</td></tr>
<tr><td>润滑油调和</td></tr>
<tr><td rowspan="2">设备使用与维护</td><td>使用设备</td><td>15</td><td>13</td><td>13</td><td>11</td></tr>
<tr><td>维护设备</td><td>7</td><td>7</td><td>7</td><td>5</td></tr>
<tr><td rowspan="2">事故判断与处理</td><td>判断事故</td><td>7</td><td>8</td><td>8</td><td>15</td></tr>
<tr><td>处理事故</td><td>9</td><td>14</td><td>14</td><td>15</td></tr>
<tr><td rowspan="2">绘图与计算</td><td>绘图</td><td>3</td><td>3</td><td>3</td><td>3</td></tr>
<tr><td>计算</td><td>7</td><td>9</td><td>6</td><td>3</td></tr>
<tr><td rowspan="4">管理</td><td>管理</td><td>质量管理</td><td>—</td><td>—</td><td>—</td><td>4</td></tr>
<tr><td>生产管理</td><td>生产管理</td><td>—</td><td>—</td><td>—</td><td>3</td></tr>
<tr><td>编写技术文件</td><td>编写技术文件</td><td>—</td><td>—</td><td>—</td><td>6</td></tr>
<tr><td>技术改进</td><td>技术改进</td><td>—</td><td>—</td><td>—</td><td>4</td></tr>
<tr><td>培训与指导</td><td>培训与指导</td><td>培训与指导</td><td>—</td><td>—</td><td>3</td><td>5</td></tr>
<tr><td colspan="3">合计</td><td>100</td><td>100</td><td>100</td><td>100</td></tr>
</table>

职业资格等级标准

仓库保管工

中国石油天然气集团公司
中国石油化工集团公司 制定

说　明

根据《中华人民共和国劳动法》的有关规定，为了进一步完善职业标准体系，为职业培训和职业技能鉴定提供科学、规范的依据，中国石油天然气集团公司职业技能鉴定指导中心和中国石油化工集团公司职业技能鉴定指导中心共同组织有关专家，按照《国家职业标准制定技术规程》，制定了石油石化《仓库保管工职业资格等级标准》(以下简称《标准》)。

一、本《标准》以客观反映现阶段本工种的技术水平和对该工种从业人员的规范性要求为目标，在充分考虑经济发展、科技进步和产业结构变化对本工种影响的基础上，对该工种的活动范围、工作内容、技能要求和知识水平做了明确规定。

二、本《标准》的制定遵循了有关技术规程的要求，既保证了《标准》的规范性，又体现了以职业活动为导向、以职业技能为核心的特点，同时也使其具有根据科学技术发展进行调整的灵活性和实用性，符合培训、鉴定和就业工作的需要。

三、本《标准》依据有关规定将本工种分为四个等级。内容包括工种概况、基本要求、工作要求和鉴定比重等四个方面。

四、本《标准》是在各有关专家和鉴定工作者的共同努力下完成的。参加编写工作的人员主要有大庆油田物资集团陈利民、李卫松、宫运兴、杨辉。参加审定工作的人员主要有大庆油田杨明亮、关景华、于立英；中国石化管道储运公司刘艳、陈敬袖；胜利油田物资供应处吕福东；青海油田物资装备公司韩桂霞；辽河油田物探供销公司刘会红；长庆油田杜燕丽。

五、本《标准》经中国石油天然气集团公司和中国石油化工集团公司批准，自2008年5月1日起施行。

仓库保管工职业资格等级标准

1. 工种概况

1.1 工种名称

仓库保管工。

1.2 工种定义

对储存的物资进行验收、计量、核对、记账、登卡、堆码、保管、保养，并办理收发等有关手续的人员。

1.3 工种等级

本工种共设四个等级，分别为初级（国家职业资格五级）、中级（国家职业资格四级）、高级（国家职业资格三级）、技师（国家职业资格二级）。

1.4 工种环境

室内(外)作业。

1.5 工种能力特征

身体健康，具有一定的运算、协调、表达、分析、判断能力。

1.6 基本文化程度

高中毕业(或同等学力)。

1.7 培训要求

1.7.1 培训期限

全日制职业学校教育，根据其培养目标和教学计划确定期限。晋级培训：初级不少于280标准学时；中级不少于260标准学时；高级不少于200标准学时；技师不少于280标准学时。

1.7.2 培训教师

培训初、中、高级的教师应具有本工种高级以上职业资格证书或中级以上专业技术职务任职资格；培训技师应具有本工种技师职业资格证书或相应专业高级专业技术职务任职资格。

1.7.3 培训场地及设施

理论知识培训应具有可容纳 30 名以上学员的教室；技能操作培训应有相应的设备、工具、安全设施等较为完善的场地。

1.8 鉴定要求

1.8.1 适用对象

从事或准备从事本工种的人员。

1.8.2 申报条件

分别按中国石油天然气集团公司、中国石油化工集团公司职业技能鉴定申报政策有关规定执行。

1.8.3 鉴定方式

分理论知识考试和技能操作考试。理论知识考试采用闭卷笔试方式，技能操作考试采用模拟现场操作方式。理论知识考试和技能操作考试均实行百分制，成绩均达到60 分以上(含 60 分)者为合格。技师还须进行综合评审。

1.8.4 考评员与考生配比

理论知识考试考评人员与考生配比为1∶20，每标准教室不少于2 名考评人员；技能操作考试考评人员与考生配比为1∶5，且不少于3 名考评人员；技师综合评审考评人员不少于5 人。

1.8.5 鉴定时间

理论知识考试90分钟；技能操作考试不少于60分钟。

1.8.6 鉴定场所设备

理论知识考试在标准教室进行；技能操作考试在有相应的设备、工具、安全设施等较为完善的场地进行。

2. 基本要求

2.1　职业道德

（1）爱岗敬业，严于律己。
（2）吃苦耐劳，工作认真负责。
（3）忠于职守，自觉履行职责。
（4）勤奋好学，刻苦钻研业务技术。
（5）谦虚谨慎，团结协作。
（6）安全生产，严格执行生产操作规程。
（7）文明作业，质量环保意识强。
（8）文明守纪，遵纪守法。

2.2　基础知识

2.2.1　法律法规基础知识

（1）合同法基础知识。
（2）计量法基础知识。
（3）物价法基础知识。
（4）产品质量法基础知识。
（5）企业法基础知识。
（6）公司法基础知识。

（7）经济法基础知识。

（8）商标法基础知识。

2.2.2 仓储基础及安全消防知识

（1）物资分类的知识。

（2）仓储管理知识。

（3）物资的编码知识。

（4）仓库安全管理知识。

（5）常见的安全标志。

（6）常见的灭火剂。

2.2.3 物资接运、计量及管保资料

（1）物资接运知识。

（2）各种物资的运输规则。

（3）计量的一般知识。

（4）保管仓储资料。

2.2.4 物流知识

（1）物流的基础知识。

（2）物资的包装。

2.2.5 市场营销知识

（1）市场营销的基本知识。

（2）促销的基础知识。

（3）市场营销的原理。

3. 工作要求

本《标准》对初级、中级、高级、技师的要求依次递进，高级别涵盖低级别的要求。

3.1 初级

职业功能	工作内容	技能要求	相关知识
一、处理账务	（一）操作计算机	1. 能用计算机录入单据 2. 能使用打印机	1. Word 常识 2. 文字输入法
	（二）使用算盘核对数据	1. 能核对验收单 2. 能核对明细账 3. 能用算盘进行六级运算	1. 物资的编码及分类 2. 物资接运方式、任务及手续办理 3. 计量器具的规定 4. 物流基本概念、配送程序及包装分类 5. 普通六级珠算标准

续表

职业功能	工作内容	技能要求	相关知识
一、处理账务	（三）验收、保管、发放物资	1. 能验收物资 2. 能保管物资 3. 能发放物资	1. 验收物资的程序 2. 建立物资的验收记录 3. 办理物资的入库手续 4. 堆码、苫垫物资的方法 5. 检查盘点物资的方法 6. 保管常用物资的方法 7. 发放物资的程序及方式
二、管理金属材料	（一）验收金属材料	1. 能验收生铁及铁合金 2. 能验收钢材 3. 能验收石油专用管材	1. 生铁、铁合金用铸铁的分类、牌号 2. 钢材的验收要求 3. 石油专用管材的验收要求

续表

职业功能	工作内容	技能要求	相关知识
二、管理金属材料	（二）保管金属材料	1. 能保管生铁及铁合金 2. 能保管钢材 3. 能保管有色金属	1. 生铁及铁合金的保管方法 2. 钢材的防锈方法 3. 有色金属的保养常识
三、管理非金属材料	（一）验收建筑材料	1. 能堆码及验收红砖 2. 能堆码及验收木材	1. 红砖的规格及验收标准 2. 木材的种类及验收标准
	（二）保管建筑材料	1. 能储存保管玻璃及玻璃纤维制品 2. 能储存保管沥青产品 3. 能储存保管石棉及石棉制品	1. 玻璃及玻璃纤维的性质 2. 玻璃及玻璃纤维储存保管要求 3. 沥青及产品的储存保管要求 4. 耐火材料的储存保管方法

续表

职业功能	工作内容	技能要求	相关知识
三、管理非金属材料	（三）保管化工材料	1. 能储存保管常用化工危险品 2. 能储存保管石油常用无机化工产品 3. 能储存保管石油常用有机化工产品	1. 常用化工危险品的储存保管要求 2. 石油常用无机化工产品、有机化工产品的储存保管要求
四、管理机电产品	（一）验收机电产品	1. 能验收机电产品 2. 能验收计量器具	1. 机电产品的分类及验收要求 2. 机电产品在运输中的包装要求 3. 量具的分类及验收方法
	（二）保管机电产品	1. 会使用、保管消防器械 2. 能保管电焊条、焊丝 3. 能发放机电产品	1. 灭火剂的分类及特点 2. 焊剂、钎料的分类及特点 3. 机电产品的发放要求

3.2 中级

职业功能	工作内容	技能要求	相关知识
一、处理账务	（一）操作计算机	能使用 Word 制作各种单据	1. Word 制作表格的方法 2. 文字输入法
	（二）使用算盘核对数据	1. 能进行核对单据操作 2. 能进行算盘五级运算	1. 物资验收中的问题处理 2. 物资保管中的账务处理 3. 普通五级珠算标准
	（三）验收、保管、发放物资	1. 能处理物资保管验收过程中的问题 2. 能处理物资出库过程中的问题	1. 物资外观质量检验的方法 2. 仓储事故的处理及审批权限 3. 影响物资储存的质量因素 4. 物资退库的一般要求
二、管理金属材料	（一）验收金属材料	能验收石油专用管材	石油专用管材的验收要求

续表

职业功能	工作内容	技能要求	相关知识
二、管理金属材料	（二）保管金属材料	1. 能保管保养钢管 2. 能保管石油专用管材 3. 能进行金属材料除锈操作	1. 钢管的保管要求 2. 钢管的除锈方法 3. 钢材的表示方法 4. 石油专用管材的保管要求 5. 钢材的除锈方法
	（三）发放金属材料	能发放石油专用金属材料	石油专用金属材料发放要求
三、管理非金属材料	（一）保管化工材料	1. 能储存保管一般化工危险品 2. 能储存保管烃、苯、醛等有机化工产品 3. 能储存保管橡胶制品、塑料制品 4. 能发放化工材料	1. 危险品运输、保管的原则 2. 常用酸的保管要求 3. 烃、苯、醛等的保管方法 4. 橡胶制品的保管方法 5. 化工材料的发放要求

续表

职业功能	工作内容	技能要求	相关知识
三、管理非金属材料	（二）验收建筑材料	能验收石材	石材的验收标准
	（三）保管建筑材料	1. 能储存保管木材 2. 能储存保管水泥 3. 能储存保管沙子 4. 能发放水泥 5. 能发放沙子	1. 木材的储存保管要求 2. 水泥的储存保管方法 3. 沙子的保管要求 4. 水泥、沙子的出库要求
四、管理机电产品	（一）验收机电产品	能验收常用机电产品	1. 机电产品在保管过程中的包装要求 2. 机电产品验收标准
	（二）保管机电产品	能保管常用机电产品	1. 机电产品的分类及牌号 2. 机电产品的保管要求

3.3 高级

职业功能	工作内容	技能要求	相关知识
一、处理账务	（一）操作计算机	能使用 Excel 制作各种单据	1. 用 Excel 制作单据的方法 2. Windows 操作系统中文件和文件夹的管理
	（二）使用算盘核对数据	1. 能进行核对账务操作 2. 能进行算盘四级运算	1. 账务日清月结的要求 2. 账务处理的要求 3. 普通四级珠算标准
	（三）验收、保管、发放物资	1. 能根据各类物资确定验收方法 2. 能根据各类物资性质进行保养	1. 物资的验收及检验要求 2. 控制和调节库区的温、湿度
二、管理金属材料	（一）验收金属材料	1. 能验收有色金属的外观质量 2. 能验收型钢外观的质量	1. 有色金属的验收要求 2. 型钢的验收要求

续表

职业功能	工作内容	技能要求	相关知识
二、管理金属材料	（二）保管金属材料	1. 能储存保管板材 2. 能储存保管有色金属	1. 板材保管的要求 2. 有色金属的规格、型号
	（三）发放金属材料	1. 能发放金属管材 2. 能发放有色金属	1. 金属管材的规格型号及发放要求 2. 有色金属的用途及发放要求
三、管理非金属材料	（一）验收化工材料	能验收油品	油品的验收要求
	（二）保管化工材料	1. 能储存和保管酸化压裂液添加剂 2. 能储存保管炼油化工“三剂” 3. 能储存保管火工产品	1. 酸化压裂液添加剂的储存保管要求 2. 炼油化工“三剂”储存保管方法 3. 火工产品的储存要求

续表

职业功能	工作内容	技能要求	相关知识
四、管理机电产品	(一)验收机电产品	1. 能验收风机和气体压缩机 2. 能验收制冷设备 3. 能验收电机产品	1. 风机和气体压缩机的验收要求 2. 制冷设备的分类及验收方法 3. 电机产品的验收要求
	(二)保管机电产品	1. 能储存保管仪器仪表 2. 能储存保管机床及附件 3. 能储存保管机械设备	1. 常用仪器仪表的保养方法 2. 机床及附件的分类及型号 3. 常用汽车、拖拉机配件及型号

3.4　技师

职业功能	工作内容	技能要求	相关知识
一、处理账务	（一）操作计算机	能绘制物流工作流程图	计算机绘制工作流程图方法
	（二）使用算盘核对数据	1. 能核对季度账务 2. 能进行算盘三级运算	1. 物资季度报表核对方法 2. 物资年度报表核对方法 3. 普通三级珠算标准
二、管理金属材料	（一）验收金属材料	1. 能验收热轧型钢 2. 能验收特种钢材	1. 热轧型钢的型号识别 2. 热轧型钢验收标准 3. 特种钢材的型号识别 4. 特种钢材验收标准
	（二）保管金属材料	1. 能储存保管碳素钢、电工用硅钢 2. 能保管不锈钢	1. 碳素钢、电工用硅钢的牌号识别 2. 各种金属板材保管要求 3. 不锈钢保管要求

续表

职业功能	工作内容	技能要求	相关知识
二、管理金属材料	(三)发放金属材料	1. 能发放无缝钢管 2. 能发放冷、热轧钢板	1. 特种钢材的技术要求 2. 冷、热轧钢板型号及发放要求
三、管理非金属材料	(一)验收化工材料	1. 能验收有机玻璃的外观质量 2. 能验收各种胶管的外观质量 3. 能验收油井水泥的质量	1. 有机玻璃的外观检验方法 2. 胶管的验收要求 3. 油井水泥的质量要求
	(二)保管化工材料	1. 能保管各种油品 2. 能保管各种有机化工产品	1. 油品的保管要求 2. 有机化工产品的储存要求
四、管理机电产品	(一)验收机电产品	1. 能验收各种水泵 2. 能验收各种空气压缩机	1. 水泵的验收标准 2. 空气压缩机的验收方法

续表

职业功能	工作内容	技能要求	相关知识
四、管理机电产品	（二）保管机电产品	1. 能保管阀门、锅炉、内燃机等机电设备 2. 能保管探测电缆、电力电缆等电工产品 3. 能对机电产品进行保管保养	1. 阀门、锅炉、内燃机的型号及保管要求 2. 探测电缆、电力电缆的型号及用途 3. 机电产品的保管保养知识
五、综合管理	（一）编制物资计划	能编制物资计划	1. 物资计划的编制方法 2. 物资统计的方法
	（二）培训	能编制培训方案	1. 培训计划的编写方法 2. 培训内容及方式、方法

4. 比 重 表

4.1 理论知识

项目			初级（%）	中级（%）	高级（%）	技师（%）
基本要求		基础知识	30	30	30	30
相关知识	账务处理	操作计算机	20	15	14	3
		使用算盘核对数据	3	2	2	2
		物资验收、保管、出库	10	7	4	—
	管理金属材料	验收金属材料	3	3	6	8
		保管金属材料	7	7	8	10
		发放金属材料	—	4	5	8
	管理非金属材料	验收化工材料	—	—	2	5
		保管化工材料	7	10	10	5
		验收建筑材料	4	3	—	—
		保管建筑材料	4	4	—	—
	管理机电产品	验收机电产品	5	7	7	8
		保管机电产品	7	8	12	7

续表

项目			初级（%）	中级（%）	高级（%）	技师（%）
相关知识	综合管理	编制物资计划	—	—	—	10
		培训	—	—	—	4
合计			100	100	100	100

4.2 技能操作

项目			初级（%）	中级（%）	高级（%）	技师（%）
技能要求	账务处理	操作计算机	15	15	10	10
		使用算盘核对数据	5	5	5	5
		物资验收、保管、出库	5	5	5	5
	管理金属材料	验收金属材料	5	5	15	10
		保管金属材料	20	15	5	5
		发放金属材料	—	—	10	15
	管理非金属材料	验收化工材料	—	—	—	20
		保管化工材料	5	10	20	10
		验收建筑材料	5	5	—	—
		保管建筑材料	10	10	—	—
	管理机电产品	验收机电产品	10	10	15	5
		保管机电产品	20	20	15	5
	综合管理	编制物资计划	—	—	—	5
		培训	—	—	—	5
合计			100	100	100	100

石油石化职业资格等级标准

固体包装操作工

中国石油天然气集团公司
中国石油化工集团公司 制定

说　明

根据《中华人民共和国劳动法》的有关规定，为了进一步完善职业标准体系，为职业教育、职业培训和职业技能鉴定提供科学、规范的依据，中国石油天然气集团公司职业技能鉴定指导中心、中国石油化工集团公司职业技能鉴定指导中心共同组织有关专家，按照《国家职业标准制定技术规程》，制定了石油石化行业《固体包装工职业资格等级标准》(以下简称《标准》)。

一、本《标准》以客观反映现阶段本工种的技术水平和对该工种从业人员的规范性要求为目标，在充分考虑经济发展、科技进步和产业结构变化对本工种影响的基础上，对该工种的活动范围、工作内容、技能要求和知识水平做了明确规定。

二、本《标准》的制定，遵循了有关技术规程的要求，既保证了《标准》的规范性，又体现了以职业活动为导向、以职业技能为核心的特点，同时也使其具有根据科学技术发展进行调整的灵活性和实用性，符合培训、鉴定和就业工作的需要。

三、本《标准》将本工种分为三个等级，包括工种概况、基本要求、工作要求和比重表四个方面的内容。

四、本《标准》是在各有关专家和鉴定工作者的共同

努力下完成的。参加编写工作的人员主要有齐鲁石化严翰章、王学芹、韦良峰；参加审定工作的人员主要有技术总监李钰年，齐鲁石化潘慧、丛新泽、滕永兰、国洪玮，兰州石化韩文辉、吴欣岐，扬子石化孙晓农，燕山石化张祥伟，大庆石化庞耕宇等。

五、本《标准》经中国石油天然气集团公司人事部、中国石油化工集团公司人事部批准，自2008年5月1日起施行。

固体包装操作工

1. 职 业 概 况

1.1 工种名称

固体包装操作工。

1.2 工种定义

利用各类机器、工具，进行固体成品的计量、包装、转运的操作人员。

1.3 工种等级

本工种共设三个等级，分别为初级(国家职业资格五级)、中级(国家职业资格四级)、高级(国家职业资格三级)。

1.4 工种环境

室内外及高处作业且大部分在常温下工作，工作场所中有环境噪音，存在一定的物料蒸气、化学助剂、粉尘、烟尘、有毒有害气体。

1.5 工种能力特征

身体健康，具有一定的学习、理解和语言文字表达能力，且四肢灵活、动作协调，听、嗅觉较灵敏，视力良好，具有分辨颜色的能力。

1.6 基本文化程度

高中毕业(或同等学历)。

1.7 培训要求

1.7.1 培训期限

全日制职业学校教育，根据其培养目标和教学计划确定期限。晋级培训：初级不少于240标准学时；中级不少于240标准学时；高级不少于180标准学时。

1.7.2 培训教师

培训初、中级的教师应具有本工种高级职业资格证书或中级以上专业技术职务任职资格；培训高级的教师应具有本专业中级以上专业技术职务任职资格。

1.7.3 培训场地设备

理论培训应具有可容纳 30 名以上学员的教室。技能操作培训应有相应的设备和工具及通风良好、安全设施等较为完善的场地。

1.8 鉴定要求

1.8.1 适用对象

从事或准备从事本工种的人员。

1.8.2 申报条件

分别按中国石油天然气集团公司和中国石油化工集团公司职业技能鉴定申报政策有关规定执行。

1.8.3 鉴定方式

本标准只适合于合成橡胶、合成塑料、合成纤维、化肥固体产品的包装操作人员。工种分为理论知识考试和技能操作考核两个部分。理论知识考试采用闭卷笔试方式，技能操作考核采用现场实际操作或模拟操作方式。理论知识考试和技能操作考核均实行百分制，成绩皆达 60 分以上(含 60 分)者为合格。

1.8.4 考评人员与考生配比

理论知识考试考评人员与考生配比为 1:20，每标准教室不少于 2 名考评人员；技能操作考核考评人员与考生配比为 1:5，且不少于 3 名考评人员。

1.8.5 鉴定时间

理论知识考试 60 分钟 ~ 120 分钟(等级不同时间不同),技能操作考核 30 分钟 ~ 120 分钟(项目不同时间不同)。

1.8.6 鉴定场所设备

理论知识考试在标准教室里进行。技能操作考核在模拟操作室或生产装置上进行。

2. 基本要求

2.1 职业道德

2.1.1 职业道德基本知识

2.1.2 职业守则

（1）遵规守纪，按章操作。

（2）爱岗敬业，忠于职守。

（3）认真负责，确保安全。

（4）刻苦学习，不断进取。

（5）团结协作，尊师爱徒。

（6）谦虚谨慎，文明生产。

（7）勤奋踏实，诚实守信。

（8）厉行节约，降本增效。

2.2 基础知识

2.2.1 基础理论知识

（1）物理基础知识。

（2）无机化学基础知识。

（3）有机化学基础知识。

2.2.2 化工生产基础知识

2.2.2.1 化工生产基本概念。

2.2.2.2 流体流动与输送。

2.2.2.3 分均相物系的分离与设备。

2.2.2.4 化工生产中的传热。

2.2.3 固体物料的基本操作知识

2.2.3.1 固体物料的验收、贮存和输送。

2.2.3.2 固体物料的粉碎与筛分。

2.2.3.3 固体与液体的分离。

2.2.3.4 固体物料的干燥。

2.2.4 计量知识

（1）计量与计量单位。

（2）法定计量单位。

（3）计量国际单位制。

2.2.5 机械基础知识

（1）化工机械基础知识。

（2）常用工器具的使用。

（3）机械制图。

2.2.6 电工基本知识

（1）电工的基本概念。

（2）简单电路知识及计算。

（3）安全用电常识。

（4）变频调速知识。

（5）伺服知识。

2.2.7 仪表基本知识

（1）仪表基本概念。

（2）常用温度、压力、流量、料位测量仪表及基本原理。

（3）误差知识。

（4）常规仪表使用维护知识。

（5）PLC 基础知识。

2.2.8 安全及环保知识

（1）安全生产、环保、工业卫生知识。

（2）法律、法规知识。

（3）安全技术规程。

（4）防火、防爆、防中毒、防静电知识。

（5）夏季四防、冬季防冻防凝知识。

（6）清洁生产基本知识。

（7）HSE 管理体系知识。

（8）消防、气防基本知识及器材的使用。

2.2.9 质量管理知识

（1）产品质量、标准知识。

（2）ISO 9000 系列标准知识。

（3）全面质量管理知识。

2.2.10 记录填写知识

（1）运行记录。

（2）生产记录。

（3）设备检修保养记录。

3. 工作要求

本标准对初级、中级、高级的技能要求依次递进，高级别涵盖低级别的要求。

3.1　初级

职业功能	工作内容	技能要求	相关知识
一、工艺操作	（一）开车准备	1. 能完成包装材料的领取、投用 2. 能够完成设备的清理工作 3. 能完成本岗位的设备试运 4. 能进行本岗位开车流程检查	1. 包装材料规格、特性 2. 设备清理安全注意事项 3. 设备使用、环保安全管理规定 4. 岗位操作法 5. 公用工程知识
	（二）开车操作	能按岗位要求完成以下工作： 1. 能根据指令启动真空系统、除尘系统、成品输送设备 2. 能够根据指令正确启动各部机 3. 能够试验控制按钮开关是否灵活可靠	1. 传动的类型 2. 机械传动原理 3. 真空泵的原理 4. 开车操作程序 5. 控制按钮开关、指示灯的位置及作用

续表

职业功能	工作内容	技能要求	相关知识
一、工艺操作	（三）正常操作	1. 能根据要求检查成品包装质量，拣出不合格品 2. 能进行产品外观的检查与控制 3. 能掌握不合格品的处理方法 4. 能熟练使用包装设备 5. 能按要求完成本岗位设备运行检查 6. 能正确使用设备联锁及安全设施 7. 能规范填写生产记录	1. 产品质量标准 2. 设备运行中检查内容 3. ISO 9000 质量管理体系基本知识 4. HSE 管理体系基本知识
	（四）停车操作	能按操作法要求做好本岗位的停车操作： 1. 能完成本岗位的紧急停车操作 2. 能根据停车程序停车 3. 能根据指令完成各部机的正常停车 4. 能够做好现场卫生清理工作	1. ISO 14000 环境管理体系基本知识 2. 现场管理知识

续表

职业功能	工作内容	技能要求	相关知识
二、设备使用与维护	(一)使用设备	1. 能协助完成设备的调整 2. 能正确使用仪表操作盘	1. 称量包装的原理 2. 包装设备的名称、结构、型号、工作原理、性能、作用
	(二)维护设备	1. 能对包装设备进行日常维护、保养 2. 能使用常用维修工具 3. 能完成设备检修时的监火、监护工作 4. 能按规定添加设备的润滑油、润滑脂 5. 能保持设备和生产环境的清洁	1. 设备检修安全规定 2. 设备润滑知识 3. 常用维修工具型号、规格 4. 设备维护、保养制度 5. 设备常用润滑油(脂)的规格、品种和使用规定
三、事故判断与处理	(一)判断事故	1. 能判断本岗位设备的常见故障 2. 能判断产品外观质量不正常事故	1. 包装岗位设备常见故障 2. 产品外观质量常见故障

续表

职业功能	工作内容	技能要求	相关知识
三、事故判断与处理	（二）处理事故	1. 能正确使用安全、消防、气防器材 2. 能处理常见的跑、冒、滴、漏 3. 能协助处理各类着火事故	1. 化工生产知识 2. 安全、消防、气防知识 3. 消防、气防报警知识 4. 现场急救知识
四、绘图计算	（一）绘图	1. 能绘包装岗位工艺流程框图 2. 能看懂设备简图	化工识图基本知识
	（二）计算	1. 能进行产量、消耗的简单计算 2. 能够完成日包装量、班产量、包装合格率等简单生产计算	常用物理、化学概念及单位换算知识

3.2 中级

职业功能	工作内容	技能要求	相关知识
一、工艺操作	（一）开车准备	1. 能完成开车前设备的检查 2. 能够投用设备水、电、汽、风 3. 能够按要求完成各润滑点的润滑 4. 能进行包装生产线的单机试车 5. 能够完成与前装置的工作交接 6. 能完成安全设施的检查确认	1. 开车准备注意事项 2. 开车条件确认知识 3. 设备完好标准 4. 岗位巡检标准
	（二）开车操作	1. 能完成包装生产线的手动、自动开车 2. 能够检查生产线在用计量设备的完好情况 3. 能根据开车方案迅速组织包装生产 4. 能完成生产线运行设备协调性的调整	1. 仪表、电器基本知识 2. 设备效验、维修知识

续表

职业功能	工作内容	技能要求	相关知识
一、工艺操作	(三)正常操作	1. 能对包装质量进行全面检查 2. 能检查、核对、调节本岗位控制仪表 3. 能进行产品内外包装质量的控制与调节 4. 能判断设备的异常运行状态 5. 能够纠正包装质量中的不合格项	1. 各部机械结构、工作原理 2. 产品质量知识
	(四)停车操作	1. 能按岗位操作法完成停车操作 2. 能完成与后工序的正确交接 3. 能完成质量不合格品纠正设备的停车 4. 能完成公用工程的停车操作	1. 停车方案 2. 三废排放规定

续表

职业功能	工作内容	技能要求	相关知识
二、设备使用与维护	（一）使用设备	1. 能按规程开、停、切换机泵等设备 2. 能完成设备协调性的调整 3. 能协助调整包装设备 4. 能调整批号打印机 5. 能掌握本岗位光电开关、接近开关、行程开关、电磁阀等低压电器的位置及作用	1. 各设备的用途 2. 设备操作规程 3. 与本岗位有关的常用低压电器的原理、结构、性能
	（二）维护设备	1. 能按规定更换设备的润滑油、润滑脂 2. 能及时发现设备保养中存在的问题并处理 3. 能做好机泵、管线、设备的防冻防凝工作 4. 能配合有关工种做好检修工作和设备常见故障的排除 5. 能完成设备检修的隔离和动火条件的确认	1. 设备密封、防腐知识 2. 设备检修的有关知识 3. 防冻防凝规程

续表

职业功能	工作内容	技能要求	相关知识
三、事故判断与处理	（一）判断事故	1. 能判断产品不合格等工艺事故 2. 能判断设备润滑油泄漏的原因 3. 能判断包装设备常见故障 4. 能判断简单的仪表故障 5. 能判断现场着火的原因和位置	1. 正常生产控制指标 2. 影响正常生产主要因素 3. 阀门、机泵常见故障判断方法
	（二）处理事故	1. 能处理设备润滑油泄漏的事故 2. 能处理工艺和设备常见事故 3. 能处理各类着火事故 4. 能处理停料、电、风等各类突发事故 5. 能处理不合格品等工艺事故	1. 化工生产知识 2. 紧急停车预案

续表

职业功能	工作内容	技能要求	相关知识
四、绘图计算	（一）绘图	1. 绘制包装工艺流程框图 2. 能看懂简单设备装配图	制图基本知识
	（二）计算	能进行包装物消耗量的计算等能进行物料衡算	包装物消耗计算方法

3.3 高级

职业功能	工作内容	技能要求	相关知识
一、工艺操作	（一）开车准备	1. 能完成设备、仪表、电气、工艺方面的检查与准备工作 2. 能确认包装生产线所属设备、管线、阀门处于完好状态 3. 能够确认控制仪表的参数 4. 能对开车条件进行确认，并进行联动试车	1. 开车条件确认知识 2. 仪表连锁知识
	（二）开车操作	1. 能根据开车后工艺进行设备的调整 2. 能完成包装生产线与相关岗位的生产协调工作	开车注意事项
	（三）正常操作	1. 能判断处理包装生产线的工艺波动 2. 能对产品包装质量进行动态分析，并根据分析数据提出工艺改进方案 3. 能进行自动秤重量秤重的修正 4. 能调整设备有关控制数据	包装生产线工艺技术规程

续表

职业功能	工作内容	技能要求	相关知识
一、工艺操作	（四）停车操作	1. 能够组织实施停工方案 2. 能对停车生产线进行综合检查	1. 包装生产线停车的有关程序 2. 包装生产线停车注意事项
二、设备使用与维护	（一）使用设备	1. 能正确使用仪表、电气设备 2. 能协助完成包装设备的检修、调整 3. 能完成包装设备的检修后验收 4. 能完成对引起包装质量波动设备的调整工作	1. 常用电工测量仪表知识 2. 设备运行参数知识
	（二）维护设备	1. 能处理设备维护保养中的问题并采取措施 2. 能处理设备一般运行问题 3. 能根据设备运行情况，提出改进建议 4. 能参与设备参数的整定，并能处理仪表、电气一般故障	1. 设备完好标准 2. 设备运行条件 3. 仪表、电气各种调节方案知识 4. 设备验收标准

续表

职业功能	工作内容	技能要求	相关知识
三、事故判断与处理	（一）判断事故	1. 能发现和消除包装线事故隐患能 2. 能分析产品包装质量事故原因 3. 能对事故提出改进建议 4. 能判断常见的电气仪表故障	1. 故障产生原因及处理方法 2. 产品分析项目
	（二）处理事故	1. 能处理包装生产线各种机械、工艺事故 2. 能处理常见的电气、仪表故障	1. 各种事故的处理方法 2. 紧急停车步骤
四、绘图计算	（一）绘图	能绘制设备简图，看懂一般零件图	1. 机械零件基础知识 2. 工艺制图的相关知识
	（二）计算	能进行产品质量数据的有关分析计算	产品质量统计计算的有关知识

续表

职业功能	工作内容	技能要求	相关知识
五、培训与指导	培训与指导	1. 协助培训初、中级操作人员 2. 能指导他人进行工作	培训的基本知识

4. 比 重 表

4.1　理论知识

<table>
<tr><th colspan="3">项　　目</th><th>初级（%）</th><th>中级（%）</th><th>高级（%）</th></tr>
<tr><td colspan="2" rowspan="2">基本要求</td><td>职业道德</td><td>5</td><td>5</td><td>5</td></tr>
<tr><td>基础知识</td><td>40</td><td>30</td><td>20</td></tr>
<tr><td rowspan="12">相关知识</td><td rowspan="4">工艺操作</td><td>开车准备</td><td>10</td><td>5</td><td>5</td></tr>
<tr><td>开车操作</td><td>5</td><td>5</td><td>5</td></tr>
<tr><td>正常操作</td><td>10</td><td>10</td><td>10</td></tr>
<tr><td>停车操作</td><td>5</td><td>5</td><td>5</td></tr>
<tr><td rowspan="3">设备使用与维护</td><td>使用设备</td><td>5</td><td>5</td><td>3</td></tr>
<tr><td>保养设备</td><td>5</td><td>5</td><td>2</td></tr>
<tr><td>检修设备</td><td>2</td><td>5</td><td>5</td></tr>
<tr><td rowspan="2">事故判断与处理</td><td>判断事故</td><td>3</td><td>5</td><td>10</td></tr>
<tr><td>处理事故</td><td>2</td><td>10</td><td>15</td></tr>
<tr><td rowspan="2">绘图计算</td><td>绘　图</td><td>3</td><td>5</td><td>5</td></tr>
<tr><td>计　算</td><td>5</td><td>5</td><td>5</td></tr>
<tr><td>培训与指导</td><td>培训与指导</td><td>—</td><td>—</td><td>5</td></tr>
<tr><td colspan="3">合　　计</td><td>100</td><td>100</td><td>100</td></tr>
</table>

4.2 技能操作

项目			初级（%）	中级（%）	高级（%）
操作要求	工艺操作	开车准备	20	10	10
		开车操作	15	15	15
		正常操作	20	15	10
		停车操作	10	10	10
	设备使用与维护	使用设备	10	5	5
		保养设备	10	5	5
		检修设备	5	5	5
	事故判断与处理	判断事故	0	10	10
		处理事故	0	15	15
	绘图计算	绘　图	5	5	5
		计　算	5	5	5
	培训与指导	培训与指导	—	—	5
合　计			100	100	100